危機理論に基づく
認知症者との
かかわりに関する研究

窪内 敏子 著

フェルト・センスに
焦点をあてた
共感的理解

みらい

はじめに

　「認知症」は、2004年に「痴呆」から呼称変更された。「『痴呆』という用語は、『あほう』という意味に由来しており、『痴呆』と呼ばれる高齢者に対する尊厳やいたわりを欠く表現である（厚生労働省「「痴呆」に替わる用語に関する検討会」原文ママ：松下正明 2014：201）」と指摘されたことによる。

　認知症者は、器質的な脳障害に起因した中核症状をもちながら、日常生活を営むことで発生する環境にそぐわない行動や言動（何度も頻回に同じことを話す、徘徊するなど）を、「ボケて、なにもわからなくなった」と周囲の関係者に認識され、「あほう」を意味する「痴呆」という用語で呼ばれていた。かつて認知症者は、このようなスティグマから「家の厄介者」として扱われ、行動の抑制やときには存在さえも消し去ろうと納屋や座敷牢などへの監禁、また、精神病院への長期入院などの対応がなされていた。

　しかし、2000年に介護保険法が施行され、多くの認知症者の存在が顕在化し、「2015年の高齢者介護」で認知症ケアとは尊厳を保持するケアであると報告されたことなどから、認知症者の対応は「その人を大切にする、その人中心のケア」に大きくシフトした。この原動力となったのがパーソン・センタード・ケアの理念である。

　以後、さまざまな認知症の関係者や研究者らによって認知症についての見解が示され、認知症を対象にした研究が盛んに行われており、現在、パーソン・センタード・ケアの理念を広く浸透させるための全国的な試みや、認知症ケア先進国の実践メソッドが注目されている。しかし、すべての支援者に、その本質が周知されているのかは疑問である。筆者が、認知症に関係する人たちに望ましい認知症者とのかかわりについてインタビューを行い、内容を分析したところ、研究協力者が考えている認知症者への適切なかかわりは、パーソン・センタード・ケアの理念に類似した結果であった。一方、直接、認知症者とかか

わっている支援者たちに対して行った実践に関するアンケート結果では、認知症者に対応しているときの考えが、支援者によって違っており統一されていなかった。このことから、多くの支援者たちは、知識としてパーソン・センタード・ケアの理念は理解できていながら、実践には結びついていないのではないかと考えるようになった。

　人は、今まで経験したことがない新しいできごとに直面したとき、不安や緊張が高まり、混乱状態に陥る。この状態をソーシャルワークでは「危機」と捉え理論化してきた。認知症者の混乱は、認知症でなければなんでもなくのりこえられる日常生活の些細なできごとであっても、脳障害によってのりこえる方法を見失ってしまうことで発生し、不安で緊張が高まり、どうしていいかわからない思いを抱いてしまうことによって起こる。この認知症者の混乱状態を本稿では「危機」と捉え研究を進めていく。ソーシャルワークの危機理論によると、危機に陥っている人に適切に対応することで、危機を回避することができ、反対に適切な対応ができない場合には危機は継続し混乱は増強する。つまり、現在の認知症ケアの場合、パーソン・センタード・ケアの理念を踏まえた実践ができていない支援者のかかわりによって、認知症者の危機はうまく回避できていないのではないだろうか。そして、支援者もまた、パーソン・センタード・ケアの理念が具体的に示されていないことによって、どのように実践したらよいのか混乱しているのではないかと想像する。つまり、認知症者への適切な対応方法をもたない支援者のかかわりによって、認知症者の危機は深刻化し、それによって支援者の危機もまた、深刻になっていると考えられる。

　そこで本稿は、筆者の先行研究から、パーソン・センタード・ケアを実践していると考えられる支援者をエキスパートと呼称し、エキスパートの実践と、そのときの思考を分析するボトムアップの方法を用い研究を行った（図）。エキスパートは、危機に陥っている認知症者の言葉にできない不安や緊張に気づき、認知症者の普段のようすや、今までの生活背景などを参考に、本人が感じているように思いや感覚を理解し対応方法を選んでおり、このプロセスは、ユージン・ジェンドリン（Gendlin, E. T）の示す「体験過程」に似通ってい

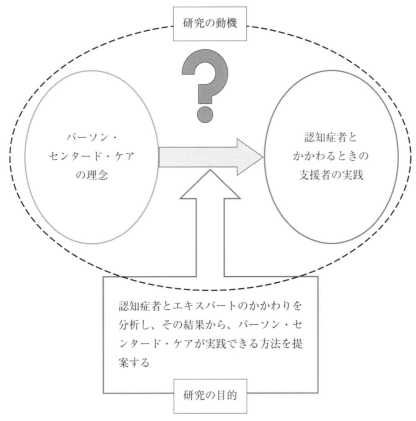

図　本稿の研究の動機と研究の目的

　た。そしてさらに、この分析結果を用い、認知症者の危機を可視化すること
で、支援者だれもが認知症者の感じている危機を理解し、適切な対応方法の選
択ができるようになるのではないかと考えた。
　この方法を支援者が用いることで、認知症者とかかわる多くの支援者たち
が、パーソン・センタード・ケアに基づく実践ができるようになり、今、注目
されている認知症ケアメソッドへのスムーズな活用の架け橋にもなると考えら
れる。

本研究は、個々の支援者が、認知症者に勘と経験でしか対応できていない現状から脱却し、支援者だれもが適切な方法で認知症者への対応が実践でき、少しでも認知症者の危機が早期に回避できるための一助になると考え取り組んだ。

　なお、我が国では無資格の者から、福祉、医療をはじめさまざまな有資格者が介護保険サービス提供事業所などで、認知症者に対しサービス提供を行っている。このことから本稿の「支援者」は、「資格を問わずまた、無資格者も含み、認知症者と直接かかわることを職業としている者全員」とする。

【引用・参考文献】

Gendlin, E. T.（1982）『フォーカシング』村山正治、都留春夫、村瀬孝雄訳、福村出版

松下正明（2014）「『痴呆』から『認知症』へ—stigma と用語変更—」『老年精神医学雑誌』
　　第25号第 2 号、199-209頁

目　　　次

はじめに

第1章　研究の背景と問題提起

1．認知症ケアの歴史と BPSD ……………………………………………… 1

（1）ケアなきケアの時代　／1

（2）認知症ケアのパラダイムシフト　／2

（3）BPSD による認知症者の生活のしづらさ　／4

2．BPSD の成立機序と危機理論および危機回避の考え方 ……………… 7

（1）BPSD 発生の考え方　／7

（2）BPSD とソーシャルワークの危機理論　／7

（3）適切な危機回避におけるパーソン・センタード・ケアの理念　／9

3．認知症者に対応する支援者の現状 …………………………………… 16

（1）パーソン・センタード・ケアの理念は支援者に認識されているか　／16

（2）支援者は実際の認知症者とのかかわりをどのように考えているか　／26

（3）認知症者とかかわっている支援者の危機　／28

第2章　先行文献検討と本論文の構成

1．我が国で作成されたメソッド …………………………………………… 33

（1）センター方式　／33

（2）ひもときシート　／35

（3）「センター方式」と「ひもときシート」の特徴　／36

2．認知症ケア先進国で作成されたメソッド …………………………… 38

（1）DCM・バリデーション・ユマニチュード　／38

（2）認知症ケア先進国で作成されたメソッドの特徴　／39

（3）認知症ケア先進国で作成されたメソッドの海外評価　／42

　３．本論文の構成 ··· 43

　　（１）研究動機と研究目的　／43

　　（２）目的達成のための研究方法　／44

　　（３）前提とした理論と本論文の構成　／45

第３章　認知症者とかかわる支援者の実践に関する研究

　１．研究協力者の選定 ··· 53

　　（１）研究協力者の前提　／53

　　（２）研究協力者の検討結果　／54

　　（３）研究協力者の具体的な属性　／59

　２．先行文献を参考にした研究協力者の条件 ······················· 59

　　（１）先行文献の概要　／59

　　（２）先行文献の結論　／60

　　（３）本研究の協力を依頼する支援者像　／61

　３．研究：認知症者とエキスパートの対応場面の分析 ············ 62

　　（１）研究方法　／62

　　（２）倫理的配慮　／63

　　（３）研究結果　／64

第４章　認知症者とかかわる際のエキスパートに共通した特徴

　１．認知症者と支援者のフェルト・センスの共感的理解 ·········· 71

　　（１）エキスパートがプロセスレコードに選んだ場面の特徴　／71

　　（２）エキスパートの危機介入プロセス　／72

　　（３）フェルト・センスの共感的理解の成立要件　／77

　２．危機の状況にある認知症者とかかわる際のゴール設定 ········ 82

　　（１）一般的な支援者の考える認知症者の良好な変化　／82

　　（２）エキスパートが、かかわりのゴールとして設定した認知症者の

　　　　　状態　／83

（3）一般的な支援者とエキスパートの認知症者に対するかかわりの
　　　比較　／85
　3．認知症者にとって意味ある支援者になるために …………………………87
（1）認知症者が自身で危機回避できるようになることの意味　／87
（2）適切な危機回避と新しい関係の樹立　／88
（3）認知症者のBPSDを危機と捉えかかわることの有効性　／89

第5章　パーソン・センタードな実践をするための方法
　1．認知症者の危機を捉えるための方法の一案 …………………………………93
（1）エキスパートの実践を科学的に示す必要性　／93
（2）エキスパートが認知症者の対応方法を決定する基準　／94
（3）支援者の勘と経験による実践を科学化する方法　／101
　2．認知症者の危機の可視化を試みて ……………………………………………102
（1）危機の可視化による認知症者のBPSD成立機序の検討　／102
（2）危機の可視化の実際　／107
（3）認知症者とのかかわりの定期的な確認の必要性　／114
　3．支援者のモチベーション向上に関する考察および本研究の限界と課
　　　題 ……………………………………………………………………………………116
（1）ケアの相互関係による支援者の満たされた状態　／116
（2）支援者の内発的動機づけによるモチベーションの向上　／118
（3）本研究の限界と今後の課題　／119

おわりに …………………………………………………………………………………125
巻末資料 …………………………………………………………………………………127
　　認知症者とエキスパートの対応場面の分析　プロセスレコード

あとがき …………………………………………………………………………………147

第1章

研究の背景と問題提起

　本章は、研究の背景として認知症者の対応の歴史を述べ、認知症の中核症状から発生する行動や精神症状＝ Behavioral and psychological symptoms of dementia（以下 BPSD）による生活のしづらさとその成立機序を先行文献から検討する。また、BPSD 発生時に認知症者が置かれる状況や抱く気持ちについてソーシャルワークの危機理論を用いて説明する。

　そして、認知症ケアの考え方が大きくシフトチェンジを遂げる原動力となったパーソン・センタード・ケアの理念を、危機回避の適切な対応として紹介した後、筆者の研究結果から、認知症支援者の現状について問題提起をする。

1．認知症ケアの歴史と BPSD

（1）ケアなきケアの時代

　認知症は19世紀末のヨーロッパにおいてアルツハイマー病の原因となる大脳皮質の「老人斑」や「神経原繊維変化」などが明らかとなり、1906年にはアルツハイマー病が学会発表され老年医学は急速な進展をみた。しかし、当時から診断学と治療学は並行せず、認知症者の対応は、精神病院や監獄へ閉じ込められ、治療と称した労働、薬物の与薬、さまざまな抑制がなされるという状況であった（新村拓 2003：98-112）。

　日本でも認知症に対する負のイメージが強く、BPSD に対する社会的な偏見などから「認知症は差別視され、家族の縁談に対して悪影響があるとされ『家の恥』と思われていた（宮崎和加子 2011：30-31）」また、「家族が座敷牢に閉じ込める（佐藤弥生、勅使河原隆行 2008：45）」など、認知症者は家庭内で隠

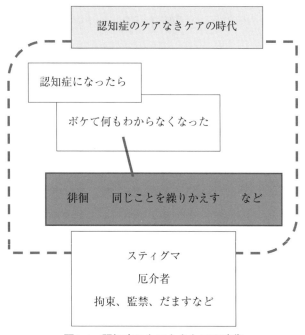

図1-1　認知症のケアなきケアの時代

されながら自宅で暮らし、家族が在宅介護を断念すると精神病院への入院しか方法が見つからず、鉄格子や金網などに囲まれた環境、副作用のある薬の常用など（山梨恵子 2007：70）監禁や身体拘束を施されながら生きていた。我が国の明治時代～1970年代までは、認知症の「ケアなきケアの時代（山梨 2007：70)」と呼ばれ、有吉佐和子（1972）の『恍惚の人』にも記されているように、認知症者の社会的支援は非常に脆弱であった（図1-1）。

（2）認知症ケアのパラダイムシフト

　1975年、国連の「障害者の権利宣言」では、「精神障害者においても他の人びとと同等の市民権および政治的権利を有し、施設における処遇が必要な場合であっても、可能な限り通常の生活に近い環境において行うこと（岡上和雄 1991：7）」そして、自立生活について「重度の障害者で全介助を必要とする

人でも、その人の自立性、尊厳性は絶対的に認められなければならず、障害者の選択権と決定権は最大限に尊重されるべきである、そうであれば全面介助を受けている人でも、人格的には自立している（伊藤栄一 1992：2）」という考え方が示された。こうして QOL の考え方はさまざまな分野に拡散していった（室伏君士 1993：1007）。

　国連の障害者の自立の考え方を反映させたと思われる「2015年の高齢者介護（2003）」は、高齢者介護のあるべき姿をまとめた報告書である。そこには「人生の最期まで、個人として尊重され暮らしていくことはだれもが望むものであり、身体機能が低下しても認知症（当時は痴呆症）でも、個人として尊重されたい、理解されたいという思いは当然もっている。その思いに応えるためには、自分の人生を自分で決め、周囲からも個人として尊重される社会を構築していくことが必要である」と示されている。そして、介護保険の目標である「自立支援」の根底にあるのは「尊厳の保持」であるとし、新たに顕在化した問題とこれまでの実施状況を踏まえての検証結果がまとめられた（図1-2）。

　この報告書は「高齢者の尊厳を支えるケア」の実現をめざすことを目標に具体的な方策をあげ、その中のひとつに「新しいケアモデルの確立・認知症（当時は痴呆性）高齢者ケア」が明記されている。そして、尊厳の保持という目的から認知症高齢者ケアの方法が高齢者介護の中心的な課題であると述べられ、これからの高齢者施策において、認知症者の対応が行われていないものは、存在意義が大きく損なわれていると主張した。

　2004年に厚生労働省の通達により、「認知症」となる以前の病名であった「痴呆」は、軽蔑的な意味合いが強く偏見や差別、スティグマを感じさせるという理由から、行政用語を「痴呆」から「認知症」に変更することになり、1〜2年遅れて医学界も「認知症」を医学用語として用いることが承認された（厚生労働省 2005）。認知症者は長きに渡って偏見や差別を受け、特に BPSD が発生している場面では、監禁や身体拘束などが施されてきた。しかし、現在、認知症者の対応は「尊厳を保持するケア」にシフトチェンジされたのである。

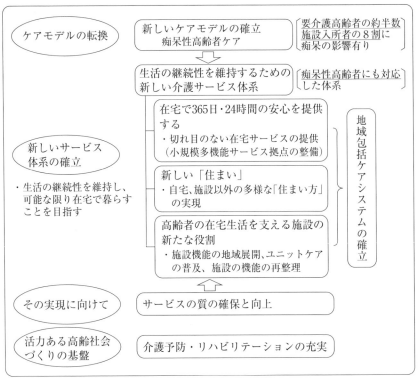

図1-2 「2015年の高齢者介護」の概念図
出典：高齢者介護研究会（2003）「2015年の高齢者介護〜高齢者の尊厳を支えるケア
　　　の確立に向けて〜」

（3）BPSDによる認知症者の生活のしづらさ

　認知症は「脳（大脳皮質）の疾患による症候群であり、通常は慢性あるいは
進行性で、記憶、思考、見当識、理解、計算、学習能力、言語、判断を含む多
数の高次皮質機能あるいは動機づけの低下を伴う。この症候群はアルツハイ
マー病、血管性認知症、そして一次性あるいは二次性に脳を障害する他の病態
で出現する」と『疾病及び関連保健問題の国際統計分類第10版；International
Statistical Classification of Diseases and Related Health Problems；ICD-10

(1993)（融道夫ら監訳 1993：58)』では定義されている。認知症は病名ではなく症候群で、認知症状をきたす疾患は多種に及んでいるが、「アルツハイマー病」「脳血管性認知症」「レビー小体型認知症」「前頭側頭葉変性症」の 4 疾患を「認知症の 4 大疾患」と呼び、狭い意味でこれらの疾患のみを指して認知症ということが多い（東京都健康長寿医療センター 2011：138)。

　「認知症の 4 大疾患」は、どれも大脳皮質の細胞が、なんらかの原因で病的に変化し発病する。大脳皮質は、ヒトなどの一部の動物が高度な精神活動を行う場所だと考えられており、その部位は大きく前頭葉、左右の側頭葉、頭頂葉、後頭葉に分かれ、各々の部位によって働きが異なっている。それが認知症に罹患し働きが低下することで、さまざまな認知機能障害が発生する。大脳皮質の細胞病変によって発生した認知機能障害を「中核症状」と呼んでおり、アルツハイマー病は、側頭葉と頭頂葉が強く障害され、著しい記憶障害のため数分前の記憶もすっかり忘れ、疾患が進行すると言語の理解ができなくなることがある。また、距離感や方向感覚が低下し、外出して道に迷ったりもする。脳血管性認知症や前頭側頭葉変性症では、前頭葉の機能が障害されることが多く、注意力が散漫になり、自発力が低下したり計画性がなくなったりする。また、抑制が外れ反社会的な行動がみられることもある。レビー小体型認知症では、後頭葉の障害があり、幻視や錯覚が出現しやすく、脳幹が障害されるためにパーキンソン症状や意識レベルの変動が発生しやすい（東京都健康長寿医療センター 2011：138-139)。

　認知症者は、このような中核症状をもちながら日々の生活を営み、物理的・人的環境や本人の生活歴・成育歴、性格、または、身体合併症や微細な日々の身体的・精神的苦痛などが影響し生活がしづらくなる（図1-3)。このような、中核症状をもちながら生活することで発生する認知症者のさまざまな行動・心理症状は BPSD と称されている。

　本間昭（2010：序文）は BPSD に対応する支援者の現状について、「認知症者の生活環境や介護者との関係にも影響を受けることを、専門職者（支援者）であれば十分認識しているはずだが、実際は、そのような視点で適切に症状を

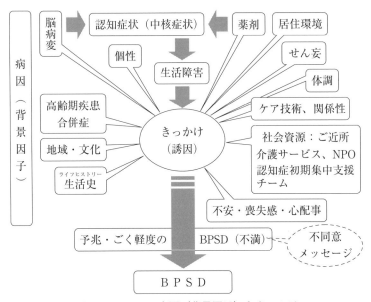

図1-3　BPSD の病因（背景因子）ときっかけ

出典：山口晴保ら（2018）「BPSD の定義、その症状と発症要因」『認知症ケア研究誌』第 2 巻12頁

　見極められてはいない」と説明し、そのため、「家族や介護スタッフなど認知症者を取り巻く周囲の人々は、非常に困難な対応を迫られている」と木之下徹（2010：3-4）は述べている。

　しかし、認知症介護研究・研修仙台センター（2013：1-2）は、「認知症疾患に罹患してしまったために、自分自身では現状を踏まえた生き方を見いだすことができない認知症者に対して、生きていく条件を獲得させ、再度、自分自身として生きていけるような方法を発見できるように今、最も優先するべき認知症ケアの普及内容は、BPSD の対応方法だ」と提言している。BPSD の適切な対応は非常に難しいが、早急に普及させなければならない課題でもある。

2．BPSD の成立機序と危機理論および危機回避の考え方

（1）BPSD 発生の考え方

　現在、BPSD に対する実践的なケアについて、明確な論拠をもって記述され
ている先行文献は筆者の知るところでは少ない。だが、片山愛子（2004：
7-8）は、その中で「認知症の疾患の特徴から論考し、実践可能なケアの構築
を進める小澤勲の考え方は、BPSD のケアに役立つ実学である」と述べている。
　小澤勲（2002：22）は、認知症者に対するケアを行う上で最も重要な問題と
して「中核症状から BPSD が産出される過程はいかなるものか」、つまり
「BPSD の成立機制」が明確にされていないことをあげ、「この課題は不思議な
ことに、これまでほとんど論じられることはなかった」と述べている。そし
て、同氏は、研究結果から BPSD の生成を図1-4のように示し、「さまざまな
ギャップ（たとえば『やりたいこと』と『やれること』、認知機能の低下と感
情機能の保持）に不安を募らせたコーピングの結果（小澤 2006：76）」である
と説明している。さまざまなギャップとは、「認知の減退と感情反応の保持と
の乖離、危機状況の認知とそこから離脱する行為の発見困難という乖離など
（小澤 2002：25）」であり、認知症に罹患していない者は、この乖離をのりこ
え、折り合いをつけつつ暮らせている。しかし、認知症者は、「ギャップに気
づき、主体的にのりこえていく力を奪われている（小澤 2002：25、2006：
76）」と述べている。つまり、BPSD とは、認知症になるまでは当たり前であっ
た暮らしを認知症によって脳が障害され、生活しづらくなっても同じように営
もうとするためにギャップが生じている状態であるといえる。

（2）BPSD とソーシャルワークの危機理論

　人は、「予期できる・できないに拘らず、今までまったく経験したことがな
いような新しいできごとに直面した場合に、不安や緊張が高まり、ときには混

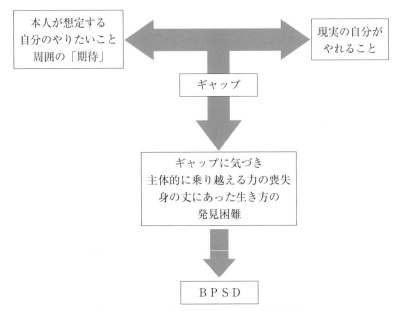

```
┌─────────────────┐                    ┌─────────────┐
│ 本人が想定する   │ ◄──────────────►  │ 現実の自分が │
│ 自分のやりたいこと│                    │ やれること   │
│ 周囲の「期待」   │                    └─────────────┘
└─────────────────┘
```

ギャップ

ギャップに気づき
主体的に乗り越える力の喪失
身の丈にあった生き方の
発見困難

ＢＰＳＤ

図1-4　BPSD の生成（小澤勲の説明から）
出典：小澤勲（2002）「痴呆ケアの見取り図」『日本認知症ケア学会誌』第 1 巻 1 号
　　　25頁より引用し「周辺症状」を「BPSD」に筆者が変更

乱状態に陥り、社会に適応することが難しくなる。この状態を、ソーシャルワークでは『危機（crisis）』と捉え理論化してきた（南彩子 2016：13-14）」。山本和郎（2000：38）は、危機状態を「難問発生状況に直面して混乱し、不安が増大し、状況を現実的に認識できず、ゆがんで認識したり意味づけたり、あるいは経験がなく適切な対処方法をまったく思いつかなかったり、やみくもに自分のもっている対処レパートリーのみを使って対処しようと努力することから、解決の糸口がつかめず万策つきてしまう事態である」と説明している。

　そしてキャプラン（Caplain. G）は、危機について「人生の目標を妨げる様な問題に直面し、それが通常用いている問題解決方法ではのりこえることができないのが危機である。このとき多くの異なった解決に向けての不完全な試みが行われるが、この間に混乱状態が起こる」と定義している（秋山薊二訳

1980：3）。また、キャプランは、「個人の情緒的均衡は、日常的に用いる対処機制（coping mechanism）が維持されている状態であり、個人が保持している対処機制ではどうにもならなくなったとき、人は危機に陥る（秋山訳 1980：3）」と述べ、危機とは「安定状態の混乱である（秋山訳 1980：3）」と説明している。

　認知症者は、脳が障害された状態で日常生活のできごとに対応し、スムーズな処理ができず落胆し、傷つき、ストレスから情緒の不均衡によって BPSD が発生する。**すなわちソーシャルワークの危機理論からみて、認知症者の BPSD の発生は、危機に陥った状態から、やみくもに対応しようとする姿と考えられる。危機回避が不適切である場合、不均衡は継続し認知症者の BPSD は増強する。適切な危機回避ができれば、均衡が回復される。**この危機理論の説明を用いて BPSD の成立機序を図1-5に示した。

　本稿では、認知症者の BPSD の成立機序をソーシャルワークの危機理論を用いて理解したい。

（3）適切な危機回避におけるパーソン・センタード・ケアの理念

　認知症ケアは「尊厳を保持するケア」だという考え方の基本となったのは、イギリスのトム・キットウッド（Kitwood, T）が提唱した「パーソン・センタード・ケア」の理念である。これは日本だけでなく、多くの認知症ケアの先進国に取り入れられており、パーソン・センタード・ケアの理念は、「『その人らしさを中心にしたケア』『認知症の人の視点に立つケア』と解釈されている（柳勉、中村裕子 2016：566）」。

　そして、認知症のスティグマを払拭させるために繁田雅弘（2017：48）は、認知症ケアのパラダイムシフトを踏まえて、「認知症医療（ケア）は家族のためだけでなく、本人のためでもあるという認識を普及させるには、あえてパーソン・センタード・ケアと提唱することが必要であった」また、「本人のことまで考えが及んでいなかった認知症医療（ケア）を本人のものとするには、あえてパーソン・センタード・ケアと一度大きく本人寄りに振れる必要があっ

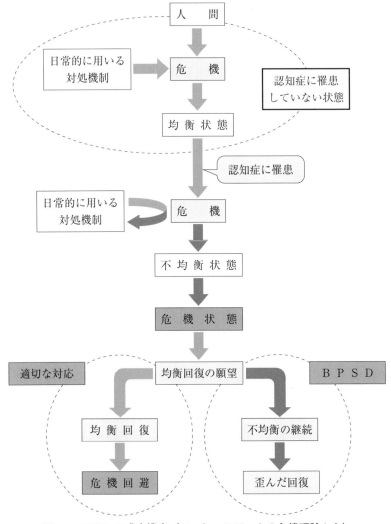

図1-5　BPSD の成立機序（ソーシャルワークの危機理論から）

出典：秋山薊二（1980）「危機介入に於ける価値」『弘前学院大学紀要』第17号13頁
　　　の「危機および危機介入の図式」を引用し筆者が「事件」を「危機」に変更、
　　　「認知症に罹患していない状態」「認知症に罹患」「BPSD」を追加

た」「認知症以外の医療（ケア）では、しごく当然のことが行われるために
は、あえてパーソン・センタード・ケアと声高に唱えなければならなかった
（（　）内筆者追記）」と述べている。

　パーソン・センタード・ケア発祥の地イギリスでも、かつては、多くの文化
が障害をもつ人の人格を奪う傾向にあり、「その人らしさ（Person hood：人
格・人間性・個性）が広く無視され、認知症者は、もっとも極端な差別にさら
されていた。認知症者に提供するよい心理的ケアの姿勢やスキルを支援者に養
成する必要性には、わずかしか関心を示されず、認知症ケア分野で働く多くの
人々には、その仕事にふさわしい事前教育が提供されてこなかった（キット
ウッド著 1997／高橋誠一訳 2005：27）」。そして、新しい認知症ケアモデルを
確立するために、パーソン・センタード・ケアに基づく新しい認知症ケアのあ
り方を推進し、認知症者の尊厳を支えるには、この新しいケアのあり方に方向
転換し「人間と人間関係を考慮する（高橋訳 2005：14-15）」とキットウッド
は強調した。

　パーソン・センタード・ケアの考え方は、現在、我が国のみならず発祥国で
あるイギリス（三富道子 2009　中島民恵子ら 2011　2012　西川淳史 2013）を
はじめ、北欧（宮島渡 2006　中島ら 2011　2012　松岡洋子 2013）、オランダ
（中島ら 2011　2012　堀田聰子 2012　2013）、オーストラリア（中島ら 2011
2012　木下康仁 2013　鐘ヶ江澄子 2013）など、認知症ケアの先進国に広く取
り入れられている。

　キットウッドのパーソン・センタード・ケアに基づく新しい認知症ケアのあ
り方の推進とは、「古い文化（Old Culture）」から「新しい文化（New
Culture）」へと認知症ケアを取り巻く世界を改革しなければならないというこ
とであった。「認知症ケアの『古い文化（Old Culture）』は、認知症の人を恐
ろしい病気をもった人と捉え、例えば知的能力低下のマニュアルに沿ったよう
な対応をすることに比べ、『新しい文化（New Culture）』は、認知症の人を怖
い病気をもった人と捉えず、独自性に焦点を当て、その人の人生を尊重し思い
やりをもって受け入れ、本質的に社会的であるとことを重視する（高橋訳

表1-1 「古い文化」と「新しい文化」の比較

	古い文化	新しい文化
認知症の一般的見方	一時的変性認知症は、人格と自己が進行的に破壊される中枢神経系の恐ろしい病気である。	認知症状態を占める病気は、第一に、障害として見るべきである どのような症状をもつかはケアの質に決定的に依存する。
一番知識のある人	認知症に関連して、もっとも信頼でき、有効で、関連する知識をもつのは、医師と脳科学者であり、彼らにしたがうべきである。	認知症に関して、もっとも頼りになり効力があり、関連する知識があるのは、ケアの十分なスキルをもち、すぐれた洞察力をもつ支援者である。
研究の重点	医療の確信がやって来るまで、認知症者に前向きにできることはほとんどない。したがって、さらに生医科学的研究が必要である。	人間に対する理解とスキルを高めることで、今できることはたくさんある。これは研究のためのもっとも緊急のことがらである。
ケアに必要なこと	ケアは基本的に安全な環境を提供し、基本的ニーズ（食事、着替え、排泄、暖かさ、清潔、適度な睡眠など）を満たすことと、有効な方法で身体的ケアを与えることがおもに関係している。	ケアはその人らしさを維持し高めることに関係している安全な環境、基本的なニーズを満たすこと、身体的ケアを提供することは基本であるが、それらはケア全体の一部でしかない。
もっとも理解しなければならないこと	障害をはっきりと正確に理解することが重要である。特に、認知障害 認知症の症状を示す病気の進行は段階的低下によって、図式化することができる。	人の能力、好み、関心、価値観、スピリチュアリティをはっきりと理解することが重要である。認知症の現れ方は千差万別である。
行動障害への対応	「問題行動」を示したときは、上手に効率的に管理しなければならない。	すべての「行動障害」は、第一にニーズとむすびついたコミュニケーションの試みとして見るべきである。そのメッセージを理解しようとすることが必要であり、その満たされていないニーズに関わることが重要である。
支援者の気持ち	ケアを行う上で重要なことは、介護者自身の不安、感情、弱さなどを無視することである。そして、理性的に効果的に支援を続けることである。	ケアを行ううえで重要なことは、支援者が自分の不安、感情、弱さを無視せず、これらを支援の前向きな資源に変えることである。

出典：トム・キットウッド（2005）『認知症のパーソンセンタードケア新しいケアの文化へ』高橋誠一訳、236頁より引用し「介護者」を「支援者」に筆者修正

表1-2　悪性の社会心理

1.	Treachry	だましたり、欺くこと
2.	Disempowerment	能力を使わせないこと
3.	Infantilizataion	子ども扱い、幼児扱い
4.	Intimidation	怖がらせること
5.	Labelling	区別すること
6.	Stigmatisation	差別すること
7.	Outpacing	急がせること
8.	Invalidation	分かろうとしないこと
9.	Banishment	のけものにすること
10.	Objectification	人扱いしないこと
11.	Ignoring	無視すること
12.	Imposition	強制すること
13.	Withholding	後回しにすること
14.	Accusation	非難すること
15.	Disruption	中断すること
16.	Mockery	あざけること
17.	Disparagement	侮辱すること

出典：トム・キットウッド（2005）『認知症のパーソンセンター
ドケア新しいケアの文化へ』高橋誠一訳、85-87頁

2005：235）（表1-1)」。認知症者の対応は、物事の認識など、なにもわからな
くなってしまった人ではなく、認知症になっても、その人の本質は最期まで消
えることはないという認識の中、いつまでも、一人ひとりの個別的な人となり
に焦点をあててかかわる必要があるという、まさにその人（認知症者）を中心
としたケアに考え方を転換することを求めている。

　キットウッドは認知症者とかかわる中で、認知症者の人格を奪う支援者の傾
向に気づき、そのエピソードを「悪性の社会心理」と名付け分類した（表
1-2)。「悪性の社会心理」の解決策については、「認知症者自身を支援者が変え
たり、認知症者の行動を支援者が管理することではなく、認知症者と支援者に
本当の出会いが起こり、生きいきとした関係が作られるように、支援者側の不
安や防衛心を乗り越えて進むことにある（高橋訳 2005：29)」と説明されてい

る。

　キットウッドの共同研究者であるドーン・ブルッカー（Dawn Brooker）（2004：216）は「悪性の社会心理」の解決と、パーソン・センタード・ケアの方法をV＋I＋P＋Sとして以下の4点にまとめている。

　①　すべての人々の存在自体に絶対的な価値があると認めること（V）

　②　個人の独自性を尊重しアプローチすること（I）

　③　認知症をもつ人の視点から世界を理解すること（P）

　④　相互に支え合う社会的環境を提供すること（S）

　認知症者のつらいBPSDの発生の意味を理解していない支援者が、その症状を目の当たりにしたとき、どのように対応していいのか戸惑い、そこにいることがつらくなることが考えられる。そんなとき認知症者の気持ちよりも支援者自身の気持ちを楽にしたいと思い、とりあえず現れている症状が止まってほしいと、認知症者の行動や言動を抑制するための利那的な嘘をついたり、あるときは無視したりすることはよくある。筆者も、そのような場面を実際にたくさん見てきた。これは、認知症者の危機に支援者もどのように対応することが適切なのかを見出すことができず、支援者もまた危機に陥っている状態だと考えられる。しかし、支援者が認知症者のBPSD発生の意味を考え、認知症者のメッセージを理解しようとしない限り、このような支配的な関係からは抜け出すことはできない。そして、いつまでも認知症者一人ひとりのPersonhoodが尊重されることはないだろう。

　「悪性の社会心理」を発生させる支援者の対応として、キットウッドは「だます」方法を以下のように紹介した（高橋訳2005：89）。

　①　（実際には正しくない）考えに沿って物事を進める

　②　伝えない（例：入所を伝えず、ただピクニックに行くだけという）

　③　罪のない嘘（例：徘徊する人に「医者に止められているからやめるように」と嘘を伝えて、歩き回ることを止めさせる）

　④　ごまかし（例：故意に車を動かないようにして使えないと伝える）

の4点である。

　認知症者本人である佐藤雅彦（2014：172-173）は、支援者が「『だます』こ
とで、認知症の人を傷つけ生きる希望を奪う」と支援者に向けてメッセージを
投げかけている。このように、混乱している認知症者を「だます」対応は、危
機状態にある認知症者に対する不適切な危機回避であり、BPSD を増強させ長
引かせることにつながる。

　「支援者側の不安や防衛心（高橋訳 2005：29）」とは、BPSD の対応への不
安であり、支援者の危機であると想像でき、支援者にも危機回避できるための
具体的で適切な対応が示されることでパーソン・センタードなかかわりは可能
になると考える。

　キットウッド（高橋訳 2005：89）は、だますことが当たり前のかかわりに
なってしまうことについて、「（支援者は）その人（認知症者）がなにを必要と
し、そのニーズを満たすためになにをしようとしているかを理解することで、
困難を取り扱う方法が他にもあるかもしれないことをまったく認識していな
い」と述べ、だますことが認知症ケアの方法にならないよう、時々認知症者と
の対応場面を振り返り、そのあり方を考えることが重要であると強調してい
る。

　キットウッド、キャスリーン・ブレディン（Kathleen Bredin）（高橋監訳、
寺田真理子訳 2005：26）は、「この世界の一人ひとりに自分にとっての『現
実』があるのだということです。介護される人の『現実』を受入れ、尊重しな
ければいけません。わたしたちの既成のものの見方や判断基準ではなく、相手
の現実に対応するとき、そこに新しい人生と希望が生まれるのです」と述べて
いる。また、キットウッドは、認知症者がなにを必要としているかという認知
症者のニーズについて図1-6のように説明した。図の花びらの境界は曖昧で、
ひとつのニーズが満たされればその他のニーズも満たされていく（高橋訳
2005：142）。

　パーソン・センタード・ケアの考え方を日本で発表したのは、長谷川和夫
（2002：40）である。彼は、「パーソン・センタード・ケアの考え方を踏まえ
て、認知症者の生活個体を対象にしたアプローチを行うこと、そして、認知症

図1-6　認知症者のニーズ

出典：NPO 法人「その人を中心とした認知症ケアを考える会」http://www.pcdc.
or.jp/

者を中心にケアを選択し、認知症者の内的体験を聴くことに原点をおくことが
認知症ケアである」と述べた。そして、認知症者の価値を認めることはパーソ
ン・センタード・ケアの真髄であり、個人の権利を尊重することの大切さを強
調した。

　パーソン・センタード・ケアの理念は、認知症者の呈する BPSD にも一人
ひとり意味があり、支援者は、その内的体験に思いを馳せることが大事だとい
うことだろう。かかわる支援者は、パーソン・センタード・ケアの考え方を用
いて認知症者に適切にかかわることが求められている。

3．認知症者に対応する支援者の現状

（1）パーソン・センタード・ケアの理念は支援者に認識されているか

　認知症者の BPSD は、脳が障害された状態で日常生活のできごとに対応し、
スムーズな処理ができず落胆し、傷つき、ストレスから情緒が不均衡となり、
危機に陥った状態であると説明できる。

　すでに述べたように、危機状態から BPSD を呈する認知症者は、長きにわ

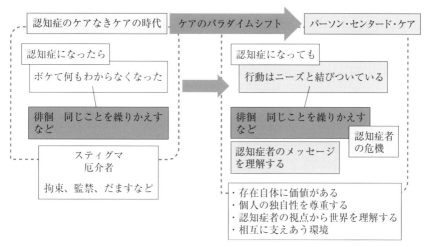

図1-7　認知症ケアのパラダイムシフトと認知症者の危機

たり身体や精神などを拘束されてきた。しかし、人間の QOL の尊重を反映さ
せた「2015年の高齢者介護」の「尊厳を保持するケア」は、キットウッドが提
唱したパーソン・センタード・ケアの考え方を認知症ケアの基本理念にすると
宣言し、認知症ケアは、拘束から尊厳を保持するケアへと大きくシフトチェン
ジした（図1-7）。

　筆者は、認知症に関する特別な研修を受講していない支援者や、認知症指導
者養成研修修了者[1]、認知症者本人も含めた認知症に関係する人たちが、認知
症者のニーズや適切な認知症ケアについてどのように考えているのかについて
インタビューを行い、得られた結果を質的に分析した（窪内敏子 2014　関西
福祉科学大学研究倫理審査申請　承認番号13-30）。

---

1)　2000年より始まった認知症介護研修事業である。都道府県政令指定都市の認知症介護を指導する
　役割を担い、各地域の認知症介護研修（実践者研修、実践リーダー研修、管理者研修、計画作成担
　当者研修、開設者研修）を企画しつつ、講義、演習、実習等の講師やファシリテーターを担当し、
　担当地域の介護保険施設・事業所等における認知症介護の質の改善について指導や助言を実践す
　る。認知症介護指導者養成研修の受講要件として、条件設定（資格、実務経験、学識経験者など）
　をすべて満たす事とされ、非常に厳格な条件が決められており、更に各行政担当者の推薦を要する。

表1-3　研究協力者の概要

研究対象者	性別	年齢	背景
グループホーム職員	女	50歳代	介護福祉士
	女	30歳代	介護福祉士
グループホーム施設長	女	50歳代	介護福祉士
	女	50歳代	介護福祉士
認知症指導者養成研修	女	70歳代	保健師
修了者	女	50歳代	社会福祉士
認知症者を	男	80歳代	妻を介護中
自宅で介護している家族	女	40歳代	義母を介護中
認知症者（本人）	女	70歳代	
	女	70歳代	

　研究協力者は、認知症対応型共同生活介護事業所（以下グループホーム）職員、グループホーム施設長、認知症介護指導者養成研修修了者、認知症者を自宅で介護している家族、認知症者本人それぞれ各2名、合計10名をスノーボールサンプリング方式にて選定した。

　研究協力者の概要は表1-3である。

　データ収集は、表1-4の質問内容で半構造的面接法を行い、分析は、Steps for coding and theorization（以下 SCAT）（大谷尚 2008、2011）を用いた。なお、分析の信頼性と妥当性を高めるため、認知症ケアに関する指導的立場にある2名からコンサルテーションを受け検討を重ねた。

　1）支援者のかかわりで期待される認知症者の変化

　前述のように、キットウッドは、認知症者がなにを必要としているかという認知症者のニーズを、花びら1枚1枚に示し集合させた図を作成した。このニーズと、本インタビューの分析結果（表1-5）を照合してみると、内容のすべてが図1-8のように類似していると考えられた。

表1-4　研究協力者への質問内容

【グループホーム職員】

①あなたが、認知症ケアの専門職として認知症の方とかかわることで、相手にどのような好ましい変化を期待しますか。

②認知症のケアサービス提供者は、どのような感情や態度・行動が好ましいと思いますか。

【グループホーム管理者】

①あなたの事業所の職員が、認知症ケアの専門職として認知症の方とかかわることで、認知症者にどのような好ましい変化を期待しますか。

②認知症のケアサービス提供者は、どのような感情や態度・行動が好ましいと思いますか。

【認知症指導者養成研修修了者】

①認知症ケアの専門職が適切に認知症の方とかかわることで、どのような変化が認知症者に起きると研修等で説明されていますか。

②認知症のケアサービス提供者は、どのような感情や態度・行動が好ましいと思いますか。

【認知症者を自宅で介護している家族】

①認知症のケアの専門職が、認知症を患うあなたのご家族にかかわることで、どのような好ましい変化が起きてほしいですか。

②認知症のケアサービス提供者は、どのような感情や態度・行動が好ましいと思いますか。

【認知症者本人】

認知症ケアサービス提供者は、どのような感情や態度・行動が好ましいと思いますか。

表1-5　支援者のかかわりで期待される認知症者の変化

①ゆったりくつろいだ気持ちでいてほしい
②最期までその人らしく暮らしてほしい
③本音が言える関係が築きたい
④なにかに携わり意欲的でいてほしい
⑤人や環境になじみながら暮らしてほしい

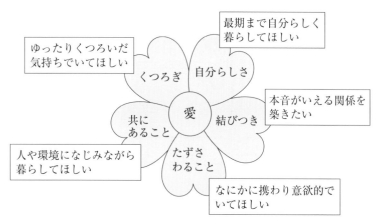

図1-8　認知症者の好ましい変化と「認知症者のニーズ」との照合

2）支援者の好ましい感情や態度・行動（表1-6）

「支援者の好ましい感情や態度・行動」の分析結果を【　】で示し、実際に得られたインタビュー内容をその下に一部紹介する。

① 【自分のことは自分で解決できるよう、自立して生活してもらえるような　ケアの提供をする】

「その人の力を信じて自立してもらう」「その人の困りごとはその自身がのりこえ、それを見守る」「その人がその人自身で解決できるようにもっていく」

② 【本人のもてる力を発揮し生活してもらい、行動に口を出したり、焦って　先回りせずに待ち、少しの支援で生活できるよう働きかける】

「（支援者が）親切すぎて、次々やってしまって…もっと待ってみると案外自分だけで対応される」「その人が不適切なことや、危険なこと以外は、とことん見守る」「先回りしない」

③ 【必要なことは自己決定できるよう、ケアする側の思い込みで内容を決め　たりせず、どのようなことも本人に確認をとる】

「その人が自分自身で生活していると思える」「自分で決めてもらおうとする」「困りごとを聞く」「本人に必ず確かめる」

表1-6　支援者の好ましい感情や態度

①自分のことは自分で解決できるよう、自立して生活してもらえるようなケアの提供をする

②本人のもてる力を発揮し生活してもらい、行動に口を出したり、焦って先回りせずに待ち、少しの支援で生活できるよう働きかける

③必要なことは自己決定できるよう、ケアする側の思い込みで内容を決めたりせず、どのようなことも本人に確認をとる

④認知症ケアを専門職の考えでなく、地域で普通に生活する認知症の方本人の立場で考えられる

⑤自分ひとりで認知症の方のかかわりが難しいときは、他のスタッフと協同してケアにあたる

⑥毎日のルーチンワークに流されそうなときには、一人ひとりのケアを丁寧に考えられるよう定期的に自分のケアをフィードバックしている

⑦ BPSD の発生原因を、疾患を含めた多方面から推測でき、認知症の方とのかかわりの一つひとつの行為を客観的に（エビデンスをもって）説明できる

⑧「自分だったら」と、状況を自分の考えと対比し、相手の気持ちが解りたいと思っている

⑨家族に専門的な助言ができる

⑩認知症の方に偏見をもたず、ひとりの人間として大切に、また当たり前にかかわれる

⑪親しみやすい雰囲気があり認知症の方がリラックスし、笑顔になれるようなかかわりができる

⑫環境が変わっても、混乱しないようになじめる工夫ができる

⑬かかわっている途中でも、認知症の方の変化に直感で気づき適切な気配りができる

⑭ケアを提供するときには、認知症の方が納得できる方法で提供できる

⑮認知症の混乱をわずらわしく思わず、広い視点で解決しようとする

⑯認知症の方からの学びがあり、尊敬できる場面をたくさん経験している

⑰仕事の最優先は認知症の方とのかかわりだと考えている

⑱人とのかかわりが好きで、知識が豊富

④【認知症ケアを専門職の考えでなく、地域で普通に生活する認知症の方本人の立場で考えられる】

「素直にその人をそのまま受け入れられる」「当たり前のことを当たり前として、そこにこだわれる」「当たり前の人生を当たり前に生き、感じるときに感じ、悲しいとき悲しいと思える当たり前を感じられる人」

⑤【自分ひとりで認知症の方のかかわりが難しいときは、他のスタッフと協同してケアにあたる】

「（認知症者のかかわりを）自分ですべてやろうとする人は難しい」「（認知症者のかかわりが苦痛になったときに）我慢しすぎない、助けてほしいといえる」「しょせん自分（支援者）だけでできることは小さいこと」

⑥【毎日のルーティーン・ワークに流されそうなときには、一人ひとりのケアを丁寧に考えられるよう定期的に自分のケアをフィードバックしている】

「やっていることに慣れないように、今やっていることに疑問をもてるように自分を律していける人」「（認知症者との普段の）話を受け流さず、いつも自分の中で受け止めフィードバックできる」

⑦【BPSD の発生原因を、疾患を含めた多方面から推測でき、認知症者とのかかわりの一つひとつの行為を客観的に（エビデンスをもって）説明できる】

「認知症という病気が理解できている、疾患と介護技術を結び付けられる」「BPSD は認知症が原因ではなく、身体疾患も原因していることがあると考えられる」「認知症者とのかかわりを理論として、疾患としてその人につなぎ合わせることができる」

⑧【「自分だったら」と状況を自分の考えと対比し、相手の気持ちが解りたいと思っている】

「もし私がそうなったらという思いをいつも持ち続け、自分の価値観と照らし合わ

せて、相手にかかわれる」「自分だったらという気持ちを常にもち、その人の思い
をくみ取れるアンテナをもっている」

⑨【家族に専門的な助言ができる】
「家族の話し合いに第三者のアドバイザーが来てほしい」

⑩【認知症者に偏見をもたず、ひとりの人間として大切に、また当たり前に
　かかわれる】
「認知症の人ではなく、普通の人として困りごとをうけとってほしい」「認知症の
ケアが特別だと思わないでほしい」「たまたま認知症になっただけで、なにも人と
して変わらない」

⑪【親しみやすい雰囲気があり認知症者がリラックスし、笑顔になれるよう
　なかかわりができる】
「ユーモアがあって、笑わせられる」「にこやかにあいさつ」

⑫【環境が変わっても、混乱しないようになじめる工夫ができる】
「空気を変えない、その人の世界を壊さない」「集団になじめるように工夫してく
れる」「自宅での生活パターンを変えない」「なるべくスタッフもなじみになれる
ように同じ人にする」

⑬【かかわっている途中でも、認知症者の変化に直感で気づき適切な気配り
　ができる】
「勘がよく気配りできる」「認知症者は、その人なりに生活について感じていて、
感受性が働いていることをなにかでピンと感じられる人」

⑭【ケアを提供するときには、認知症者が納得できる方法で提供できる】
「本人にわかる言葉を使う（トイレか便所かなど）」「本人が納得できるコミュニ

ケーションの取り方ができる」

⑮【認知症の混乱をわずらわしく思わず、広い視点で解決しようとする】
「何回同じことを言っても優しい」「人を追い詰めない、強制しない」「経験豊富
で、症例をたくさんもっている」

⑯【認知症者からの学びがあり、尊敬できる場面をたくさん経験している】
「その人（認知症者）の言動、行動とかから感動や、重みを感じられる」「自分よ
り大先輩なんだし…」「いい加減なことを言ったりしたりすると見透かされる」

⑰【仕事の最優先は、認知症者とのかかわりだと考えている】
「一人ひとりのことを邪魔くさがらずに考えてくれる」「仕事の関心をスタッフに
迷惑かけないから、認知症者に迷惑をかけないに転換する」

⑱【人とのかかわりが好きで、知識が豊富】
「人が好き、人とかかわるのが好き」「その人の関心ごとをたくさんもつている、
ものしり」「いろんな見方ができる」

　支援者の好ましい感情や態度は、キットウッドが説明した「悪の社会心理」
と正反対の内容が多数あると考えられる（表1-7）。その他に考えられる内容と
して支援者の「人間性」や認知症者とかかわる際の「方法」も含まれていた。

　3）インタビュー調査の結論
　研究協力者が10名と少人数であるため、認知症者に関係する支援者や、介護
家族全体の考え方を反映したものだと主張するには弱さがある。しかし、この
インタビューの結果から、認知症者に関係する一般的な支援者や家族介護者た
ちにも、パーソン・センタード・ケアの理念は浸透していると考えられた（図
1-9）。

表1-7 「悪の社会心理」と分析内容の比較

	悪の社会心理	インタビュー分析内容の抜粋
1. Treachry	だましたり欺くこと	尊敬している　学びを見いだせる
2. Disempowerment	能力を使わせないこと	自立　力の発揮
3. Infantilizataion	子ども扱い、幼児扱い	尊敬している
4. Intimidation	怖がらせること	リラックスできる　笑顔になれる
5. Labelling	区別すること	偏見をもたない　あたりまえの考え
6. Stigmatisation	差別すること	偏見をもたない　あたりまえの考え
7. Outpacing	急がせること	焦らさない
8. Invalidation	分かろうとしないこと	本人の立場に立つ
9. Banishment	のけものにすること	尊敬している
10. Objectification	人扱いしない	尊敬している
11. Ignoring	無視すること	尊敬している
12. Imposition	強制すること	自己決定
13. Withholding	後回しにすること	かかわりをいつも一番にする
14. Accusation	非難すること	混乱をわずらわしく思わない
15. Disruption	中断すること	焦らさない
16. Mockery	あざけること	尊敬している　学びを見いだせる
17. Disparagement	侮辱すること	尊敬している　学びを見いだせる

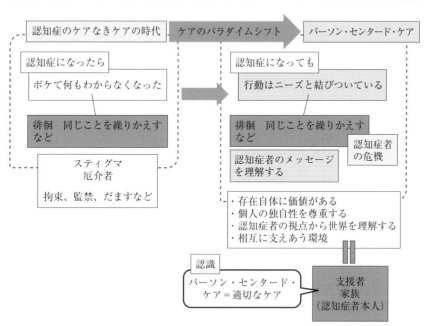

図1-9　支援者などの認識

（2）支援者は実際の認知症者とのかかわりをどのように考えているか

　筆者は、認知症者と直接かかわっている支援者たちが「パーソン・センタード・ケアの理念を具体的にどのように実践に生かしているのか」を調査する目的で、全国の支援者を対象に「実際に認知症者にかかわるときの考え」について回答を自由記載で求め、その内容を質的に分析する研究を行った（窪内敏子2016　関西福祉科学大学研究倫理審査申請　承認番号13-57）。

　ＷＡＭ－ＮＥＴから無作為に選択したグループホームで、直接、認知症者とかかわっている職員に質問紙を郵送し、返信されたものの中から有効回答である753のデータを対象に、類似した内容のデータをカテゴリー化し表を作成した（表1-8）。カテゴリーを【　】、サブカテゴリーを＜　＞、テクスト（実際のデータ）を≪　≫で説明する。

　回答の内容から認知症者と「うまくかかわることに関する支援者の考え」のひとつには【そうすることが仕事】があり、その中には＜仕事だからやらなければならない＞＜仕事とそれ以外のメリハリをつける＞という考えがあった。【うまくできなくてつらい】には、＜わかっているができない＞＜ストレスを感じる＞があり、【自然体でいることがいい関係だと思う】には、＜自分の成長につながる＞＜当たり前の関係＞＜うまくいかなくてもいい＞があった。

　國定美香（2011：4）は、「支援者の職場での負担は認知症者のBPSDの対応である」と述べ、ブロダティ・H（Brodaty, H）、ドレーパー・B（Draper, B）、ロー・L（Low, L）（2003：583）や、ロドニー・V（Rodney, V）（2000：172）なども、「認知症者の予測不能な行動や、攻撃性、非協調性を含むBPSDは、最も対処に困り支援者のストレスの原因になっている」と説明している。本研究の【うまくできなくてつらい】と考えている支援者たちも、≪（支援者自身の）感情コントロールできなくて自己嫌悪≫≪（支援者も）心のケアをしてほしい≫と回答しており、認知症者の特にBPSDを呈しているときのかかわりは、支援者にもストレスが生じると考えられる。しかし、【そうすることが仕事】だと認知症者とのかかわりを業務と割り切っている支援者も存在し、

また、認知症者とのかかわりを【自然体でいることがいい関係だと思う】と、人間関係として自然にかかわっていると回答する支援者もいた。

表1-8　認知症者とうまくかかわることに関する支援者の考え

カテゴリー	サブカテゴリー	テクスト（抜粋）　　n=753
そうすることが仕事	仕事だからやらなければならない	うまくできない人は向いていない 選んだ仕事だから 認知症の人が気持ちよく暮らすためにすべきこと できないと認知症の人が不穏になる うまくかかわるための我慢は給料のうち 仕事だからと自分に言いきかせる 忍耐
	仕事とそれ以外のメリハリをつける	職場から離れたら忘れる 仕事だと完全に割り切る 私生活を充実させる 休日にリフレッシュし仕事に臨む
うまくできなくてつらい	わかっているができない	自分も人間、頭でわかっていてもイラッとくる ゆとりがない 心身ともに健全でないとできない よほど高齢者が好きでないと難しい 自己覚知できていないと難しい
	ストレスを感じる	感情コントロールできず自己嫌悪 本当の自分の気持ちがわからなくなる マイナス思考が止まらない （支援者も）心のケアをしてほしい
自然体でいることがいい関係だと思う	自分の成長につながる	家族や自分の将来の姿だと思い勉強になる 自分のケアが客観視できる やりがいを感じる
	あたりまえの関係	特別なかかわりだと思っていない 共にいる人と考えている 正直に接した方が、お互い通じ合える
	うまくいかなくてもいい	人間関係なので、多少の感情のぶつかりあいはある 変に自分をコントロールしない方がいい

（3）認知症者とかかわっている支援者の危機

　筆者の調査（1）と（2）から、支援者は、パーソン・センタード・ケアの理念は理解していると考えられた。しかし、実際に認知症者とかかわっているときには、その考え方が一定していないのではないかと思われる結果であった。

　（2）の調査により、支援者の対応には3パターンあったが、どのカテゴリーがパーソン・センタードな実践であるかは明確ではない。ただ、表1-8の中には、支援者が危機状態にある認知症者に誠実に適切にかかわろうと、対応を模索し悩んでいるのではないかと考えられる回答があった。懸命にかかわろうとするがゆえに【うまくできなくてつらい】とストレスを抱える支援者も存在し、パーソン・センタード・ケアの実践が具体的に示されていないために、支援者も認知症者に対してどのようにかかわればいいのかわからず、迷い、危機に陥っているのではないかと思われた（図1-10）。

　このように、危機状態にある支援者が、危機状態にある認知症者にかかわっている状況もあり、認知症者の危機を適切に回避できていない現状が浮き彫りとなっていた。つまり、支援者が適切な方法で、認知症者の危機にかかわることができれば、支援者・認知症者両者の危機が回避されると考えられる。

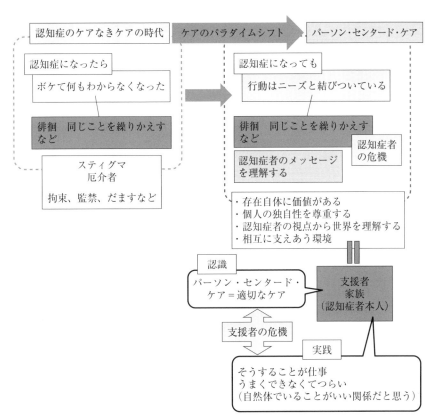

図1-10　支援者の実践の危機

【引用・参考文献】

秋山薊二（1980）「危機介入に於ける価値」『弘前学院大学紀要』第17号、1-19頁

有吉佐和子（1972）『恍惚の人』新潮社

Brodaty, H. Draper, B. & Low, L. (2003) Nursing home staff attitudes towards residents with dementia: Strain and satisfaction with work. *Journal of advanced nursing,* Vol.44, pp.583-590.

Dawn, Brooker (2004) What is person-centered care in dementia. *Review in Clinical Gerontology,* Vol.13, No.3, pp.215-222.

長谷川和夫（2002）「痴呆ケアの新しい道」『日本痴呆ケア学会誌』第1巻第1号、37-44頁

長谷川和夫（2006）『認知症ケア標準テキスト「認知症ケアの理念」』ワールドプランニング

本間昭、木之下徹監修、松田実ほか著（2010）『認知症 BPSD ～その理解と対応の考え方～』日本医事新報社、序文・3-4頁

堀田聰子（2012）「在宅ケアのルネサンス―Buurtzorg」医学界新聞第2986号

堀田聰子（2013）「オランダの認知症ケア各地域の利用者視点による問題抽出を起点に」『日本認知症ケア学会誌』、第4巻第11号、781-787頁

堀田聰子（2013）「オランダの認知症国家戦略―地域に根差した利用者本位のケアに向けて―」『老年精神医学雑誌』第24巻第10号、990-999頁

伊藤栄一（1992）「QOLとは」『*Clinician*』第39号、1-5頁

鐘ヶ江寿美子（2013）「オーストラリアの認知症国家戦略」『老年精神医学雑誌』第24巻第10号、1007-1013頁

片岡愛子（2004）「小澤勲による痴呆の精神病理とケア論の概観」『土佐リハビリテーションジャーナル』第3号、7-15頁

木下康仁（2013）「オーストラリアのケアラー（介護者）支援」『海外社会保障研究』第184号、57-70頁

高齢者介護研究会（2003）「2015年の高齢者介護～高齢者の尊厳を支えるケアの確立に向けて～」『厚生労働省老健局総務課企画法令係』

厚生労働省（2005）『認知症を知り地域をつくる10ヵ年の構想』http://www.mhlw.go.jp/topics/kaigo/dementia/c01.html（閲覧日2014-3-31）

窪内敏子（2014）「認知症ケア専門職者の感情労働に関する研究―認知症ケア専門職者が抱く感情規則の種類―」『日本認知症ケア学会誌』第15回日本認知症ケア学会大会抄録集、219頁

國定美香（2011）「介護老人福祉施設における介護労働時間とその負担度と達成度の関連性に関する研究」『日本保健福祉学会誌』第17巻、1-8頁

松岡洋子（2013）「デンマークにおける『認知症国家行動計画』」『老年精神医学雑誌』第24巻第10号、1000-1006頁

南彩子（2016）「ソーシャルワークにおける危機介入アプローチとレジリエンス」『天理大学社会福祉学研究室紀要』第18号、13-25頁

三富道子（2009）「イギリスにおける認知症高齢者施設の現状」『静岡県立大学短期大学部研究紀要』第23号、45-51頁

宮島渡（2006）「デンマークの高齢者介護理論に学ぶ」『訪問介護と看護』、414-419頁

宮崎和加子（2011）『認知症の人の歴史を学びませんか』中央法規出版、30-31頁

室伏君士（1993）「痴呆患者の QOL」『老年精神医学雑誌』第 4 巻第 9 号、1007-1012頁

中島民恵子代表研究者（2011）『認知症ケアの国際比較に関する研究総括・分担報告書』、医療経済研究機構

中島民恵子代表研究者（2012）『認知症ケアの国際比較に関する研究平成22年度—平成23年度総合研究報告書平成23年度総括・分担研究報告書』医療経済研究機構

認知症介護研究・研修仙台センター（2013）『認知症における行動・心理症状（BPSD）対応モデルの構築に関する研究事業』1-2頁

西川淳史（2013）「英国の認知症国家戦略」『老年精神医学雑誌』第24巻第10号、977-983頁

岡上和雄（1991）「精神障害のケアと QOL」『日本精神衛生連盟広報誌』第18号、7-13頁

大谷尚（2008）「4 ステップコーディングによる質的データ分析手法 SCAT の提案—着手しやすく小規模データにも適用可能な理論化の手続き—」『名古屋大学大学院教育発達科学研究科紀要（教育科学）』第54巻第 2 号、27-44頁

大谷尚（2008）「質的研究とは何か—教育テクノロジー研究のいっそうの拡張をめざして—」『教育システム情報学会誌』第25巻第 3 号、340-354頁

大谷尚（2011）「SCAT: Steps for Coding and Theorization—明示的手続きで着手しやすく小規模データに適応可能な質的データ分析手法—」『感性工学』第10巻第 3 号、155-160頁

小澤勲（2002）「痴呆ケアの見取り図」『日本認知症ケア学会誌』第 1 巻第 1 号、20-25頁

小澤勲（2003）『痴呆を生きるということ』岩波新書

小澤勲（2006）「認知症治療の GOAL を考える：認知症ケアの立場から」『老年精神医学雑誌』第17巻、73-77頁

Rodney, V. (2000) Nurse stress associated with aggression in people with dementia: its relationship to hardiness, cognitive appraisal and coping. *Journal of advanced nursing*, Vol.24, pp.172-180.

佐藤雅彦（2014）『認知症になった私が伝えたいこと』大月書房、172-173頁

佐藤弥生、勅使河原隆行（2008）「日本における認知症ケアの人材養成の現状と課題—専門研修と専門資格制度の整理から—」『東北文化学園大学 journal of health & social services』第 6 号、43-62頁

繁田雅弘（2017）「アルツハイマー病治療における傾聴と共感—想いを汲むことから聴くことへ—」『老年精神医学雑誌』第28巻増刊号— I 、48-53頁

新村拓（2003）『痴呆老人の歴史　揺れる老いのかたち』法政大学出版局

東京都健康長寿医療センター（2011）『地域の潜在認知症患者の早期発見に関する調査研究事業報告書』138-139頁

Tom Kitwood（2005）『認知症のパーソン・センタード・ケア　新しいケアの文化へ』高橋誠一訳、筒井書房、14-15・27・29・85-87・89・142・235・236頁

Tom Kitwood, Kathleen Bredin（2005）『認知症の介護のために知っておきたい大切なこと　パーソン・センタード・ケア入門』高橋誠一監訳、寺田真理子訳、筒井書房、26頁

山口晴保ほか（2018）「BPSD の定義、その症状と発症要因」『認知症ケア研究誌』第2巻、1-16頁

山本和郎（2000）『危機介入とコンサルテーション』ミネルヴァ書房、38頁

山梨恵子（2007）「わが国における認知症ケアの実情と課題―『認知症緩和ケア』を視点に」『ニッセイ基礎研究所報』第48巻、67-93頁

柳勉、中村裕子（2016）「パーソン・センタード・ケア」『臨床精神医学』第45巻第5号、565-571頁

融道夫ほか監訳（1993）『ICD10精神および行動の障害』医学書院、58頁

第2章

先行文献検討と本論文の構成

　本章では、パーソン・センタード・ケアの理念を実践に結びつけるためのメソッドについて文献検索を行い、ヒットした認知症者への適切な対応に関するメソッドを検討し、本稿の問題意識と構成について述べる。

　医学中央雑誌 web 版および CiNii で「認知症ケア」「方法」「メソッド」「コミュニケーション」「かかわり」をキーワードとして組み合わせ、介護保険が施行された2000年以降の原著論文に限定して検索した。結果、ヒットした論文の中で、明らかにパーソン・センタード・ケアの考え方を含んでいるメソッドであり、かつ実践現場に用いられ結果が報告されているのは「認知症の人のためのケアマネジメントセンター方式（以下センター方式）」「ひもときシート」であった。そして「認知症ケアマッピング（以下 DCM）」「バリデーション」「ユマニチュード」が続いて多数ヒットした。

1．我が国で作成されたメソッド

（1）センター方式

　我が国で作成された、認知症者のためのケアメソッドのひとつが「センター方式」である。パーソン・センタード・ケアの理念を、実践に結びつけることを目的に、厚生労働省が認知症介護研究・研修センター東京、仙台、大府の3センターに委託し作成された。このメソッドは、支援者の認知面のトレーニングのために作成されたものだと考えられる。

　A～Eの記述によるシートを用いて、認知症者を理解していこうとする「センター方式」は、認知症者側から、認知症者自身の状況や思いを読み取る工夫

図2-1センター方式の構成

出典：「認知症介護情報ネットワーク」
　　　https://www.dcnet.gr.jp/study/centermethod/center01.html

として、記録の主語をすべて「私」とし、本人主体の状態から、認知症者の関連する情報を得ようとしている（図2-1）。

　また、認知症ケアパス（厚生労働省 2015）の前段階として、多職種連携を円滑にすることも視野に入れ、記録は1ページ目から担当者ひとりで埋めるのではなく、途中のページであっても、情報をもっている支援者や家族をはじめ、認知症者と関係する周囲の人たちが、その情報を記入し完成をめざすという特徴があった。

　しかし、情報収集用紙が16シートあり、すべてに莫大な量の情報を記入するのが困難であること、情報が記入できても、情報を読み込んでケアプラン作成のときに生かすことがかなり難しいことなどがあり、すべてのシートに記入しなくても、必要なシートを選択して使用してもよいことになった。そのため、

認知症ケアパスの役割や、多くの情報から全人的に認知症者を理解する目的は縮小され、現在は主に、支援者が提供するケアを認知症者側から考えるための指標に活用されている（内藤あけみら 2007：38、如沢学ら 2011：105、永田瞳ら 2013：239、西村伸子ら 2015：72）。

（2）ひもときシート

　我が国で作成された、もうひとつのケアメソッドが「ひもときシート」である。このメソッドも、パーソン・センタード・ケアの理念を実践に結びつけることを目的としている。莫大な情報量を扱う「センター方式」と比較し、この「ひもときシート」は、1枚のシートに内容を記入するようになっている（図2-2）。「センター方式」の、認知症者側から状況や思いを読み取り情報収集できる特徴と同様に、認知症者の立場に立って、BPSD の発生する意味を考えよ

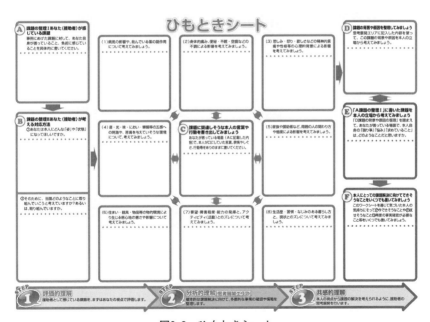

図2-2　ひもときシート

出典：「ひもときねっと」 http://www.dcnet.gr.jp/retrieve/info/howto.html

うとする試みである。

「ひもときシート」は、ケアプラン作成前に、支援者の思考を認知症者の思いに向けることが目的であり、単独でケアプランのアセスメント表に活用することはできない。

この「ひもときシート」は、普及にも力をいれており、「ひもときシート研修（講師養成コース）」が行われている。

（３）「センター方式」と「ひもときシート」の特徴

「センター方式」と「ひもときシート」は、ただ単にこのシートに記入することで、認知症ケアが向上するなど、間違った認識を支援者にもってもらわないように、中核症状をもちつつ生活を営んでいる認知症者が、どのように考え、どのように感じ、どのように行動するのかに焦点を当てて、認知症者一人ひとりを理解しながらかかわっていけるような支援者の姿勢をつくろうとしている（表2-1）。しかし、このメソッドは、支援者たちに広く活用されているとは言い難い。そのため、パーソン・センタード・ケアの理念と、シートの内容

表2-1　我が国で作成された認知症ケアメソッドの特徴

	センター方式	ひもときシート
作成年	2004年	2008年
作成者	仙台・東京・大府の認知症介護研究・研修センターの共同	認知症介護研究・研修東京センターを主体とする「認知症ケア高度化推進委員会」
作成の動機	・ケアサービスの質の格差を解消できる具体的なツールを開発する ・実践者が、認知症者本人の、本意の考え方を飛び越えて「どのようにすればいいのか」という方法を見出すことに奔走しているのではないかという気づきから、「利用者本位のケア」をケアの根本に置いた	・標準的な認知症ケアの具体的な手段は見いだせず、事業者間やサービスの種類によってケアの質の格差は生じている ・実践者は、旧来のケアから抜け出せておらず、認知症者の言動や行動に目を奪われ、背景にある本人からの訴えに気づけないことが多い。訴えに気づくためには、それを読み解く力を身につけ、その人の生活背景や事象の前後について状況分析を行いながら、「本人にとっての問題」をひもとくことが大切

理論背景	「2015年の高齢者介護」が、大きく影響している。センター方式の「認知症ケアに重要な視点」は「2015年の高齢者介護」の主張する内容と連動しているパーソンセンタードケアの考え方		パーソンセンタードケアの考え方
概　要	・A〜Eまで、16シートにわたって作成する記入式のシート ・シートの構成は、A〜Dによって情報収集を行い、Eシートによって情報をまとめ、介護保険のケアプラン表である介護サービス計画書第1表および第2表につなげるしくみ		・Step1「評価的理解」は、実践者が、対応が困難だと考える認知症者の症状などについて、思いを記入 ・Step2「分析的理解」は、認知症の中核症状が影響している事実を8つの視点（思考展開エリア）で整理し、現象にとらわれずに考える段階 ・Step3「共感的理解」は、Step2をとおして実践者の思考が、Step1に記載した認知症者の「困難」場面が、本人の「葛藤」に変化し、認知症者自身のもつ真の問題解決に向かう思考の転換をめざしている
特　徴	・利用者の思いが置き去りにならないよう、シート名の全てに、主語を「私」と明記している ・全てのシートを埋める必要はなく、Aシートから順番に記入しなくてもよい。情報収集できている内容からシートにまとめ、ひとりの担当が仕上げるのではなく、対象とかかわった誰もが、その時に収集できた情報を、少しずつでもシートに記入していく　など		・Step1からStep3まで1枚のシート ・アセスメントの前段階で認知症の方本人の表面上で確認できる現象の原因を考える過程として用いられる ・認知症者の現象を客観的にとらえ、支援者の主観を排除し、認知症者の本人の訴えやニーズに思考を戻す手法
メリット	「本人本位の理解と受容」や「関係する人との連携の重要性」などの気づきが促せる　など		・シートが1枚であるため簡便 など
デメリット	・記入量が膨大で、記入負荷が高い ・対象の時間経過を追って、記載することが想定されていない ・各シートの情報を、Eシートに反映させることが難しい　など		・認知症状ひとつに付き1枚必要となり、多くの症状がある方のシートは複数になり、その複数枚をアセスメントシートに統合しケアプランにつなげることが困難になる可能性がある ・思考展開エリアの8つの視点は、肯定的側面の事実も入れるべき ・施設系のサービス提供者には利用しやすいが、在宅系の場合は流動的であり利用しにくい など

を結びつけられる、支援者の思考力の育成が必要なのではないかと考える。

2．認知症ケア先進国で作成されたメソッド

（1）DCM・バリデーション・ユマニチュード

　「DCM」はキットウッドが開発したメソッドで、認知症者の連続した行動を24項目の行動カテゴリーコードに分類し、よい状態（well-being）であるか、悪い状態（ill-being）であるかを6時間以上、5分ごとに評価していく（牛田篤、下山久行 2012：19）。この状態を評価する評価者をマッパーと呼び、認定コース修了によって、DCMのマッパーになることができる。

　「バリデーション」は、「認知症者の感情を認め、無条件で承認する（ナオミ・フェイル（Naomi Feil）著／藤沢嘉勝ら訳 2001：5）」ことを意味し、都村尚子、三田村知子、橋野建史（2010：3）は「認知症高齢者のニーズ把握を行う（真のニーズを正確に把握する）ことと、その先にあるニーズ充足の療法を目的とする方法論」とし、川原礼子（2011：136）は、「『バリデーション』は '確認' の意味があり、'確認療法' と称されて過去との感情のつながりを確認するという理念が含まれている」と説明している。

　バリデーションには、認知症者にかかわる支援者が、精神を集中する「センタリング」、認知症者本人の言動を繰り返す「リフレージング」、思い出話をする「レミニシング」など15のテクニックが設定され、このテクニックを使用し言語的・非言語的コミュニケーションを図ることが具体的方法であるとされている。都村（2016：580）は、バリデーションの構成要素として「理論」、「テクニック」、「基本的態度」の3点をあげ、三田村（2015：64-65）はバリデーションの効果として、①『認知症高齢者の感情表出』、②『介護を困難にする行動・心理症状の改善』、③『バリデーションの有効性への探究』、④『認知症高齢者以外の対象に関する効果、可能性』があると説明している。また、都村（2015：18-19）は、バリデーションを実践することで、「福祉・医療専門職の

認知症高齢者の支援者側のストレスも軽減する」と述べており、「日本の風土と文化に適合した形にバリデーションそのものが進化していく必要がある（都村 2016：583）」ことを示している。バリデーションは、インストラクターの要件として、アメリカオハイオ州バリデーショントレーニング協会の認定が必要であり、我が国でも認定可能である（中谷こずえ、臼井キミカ、安藤純子、兼田美代、神谷智子 2016：76-77）。

　「ユマニチュード」は、フランスのイヴ・ジネスト（Gineste, Y）、ロゼッタ・マレスコッティ（Marescotti, R）らが開発し、現在、認知症者にかかわる支援者たちの多くに注目されている（本田美和子、ジネスト、マレスコッティ 2014）。「ユマニチュード」は、「見る」「話す」「触れる」「立つ」の基本要素と、具体的な150の手法で構成されるケアメソッドである。ケアをする側とされる側の絆が中心になり、人間的かかわりの重要性をケアの中心に置いている（NHK オンラインクローズアップ現代　ジネスト、マレスコッティ（2017：88））。本田（2016：574）は、ユマニチュードを用いたケアの実施について「『あなたはここに存在する』こと、そして『あなたは私にとって大切な存在である』ことを言語的・非言語的なメッセージとして、常に複数の技術を使いながら継続的に伝え続ける」と述べている。ユマニチュードは、フランスのユマニチュード協会がインストラクター養成を行っており、日本での研修、およびフランスでの研修を修了することが認定の条件となっている（中谷ら 2016：76-77）。方法が無責任に漏洩することを防いでいるためか、150の具体的な手法に触れられている文献は検索できなかった。

（2）認知症ケア先進国で作成されたメソッドの特徴

　中谷ら（2016：77）のまとめた3つのメソッドの特徴を引用し、表2-2に示した。ここで特筆すべき点は、「インストラクター要件」である。どのメソッドの要件も、履修には長期間を要すると想像でき、ときには日本を離れて研修を受講しなければならない（2019年現在、国内での受講も可能となっている）。このことから考えられるのは、時間や予算が十分確保でき、安定して研修を受

表2-2 認知症メソッドの特徴

メソッド名	バリデーション	パーソンセンタードケア	ユマニチュード
対象者	見当識障害のある後期高齢者	認知症のある人	認知症高齢者
評価尺度	効果の客観的評価	ケアマッピングDCM	
開発者	ナオミ・フェイル	トム・キットウッド	イブ・ジネスト、ロゼットマレスコッティ
開発国	アメリカ	イギリス	フランス
開発年度	1962年〜1980年	1992年〜	1981年〜
ケア内容	尊厳と共感を持って関わることを基本とし、尊厳を回復し、引きこもりに陥らないように援助するコミュニケーション方法である。そのテクニックとして、1. センタリング（精神の統一・集中）2. 相手を威嚇しないように事実についての言葉を用いて信頼を築く 3. リフレージング 4. 極端な表現を使う 5. 反対のことを想像させる 6. 思い出話をする 7. 真心を込めたアイコンタクトを保つ 8. 曖昧な表現を使う 9. 低くはっきりとした愛情のこもった声で話す 10. 相手の人の動作や感情を観察して合わせる 11. 満たされていない人間欲求と行動を結びつける 12. その人の好みの感覚を使う 13. タッチング 14. 音楽を使う	「その人を中心としたケア」で、「その人らしさ」「人となり」を維持向上させることを目標としている。くつろぎ、安らぎ、自分が自分であること、愛着・結びつき・たずさわることや共にあることを大切にしている。1. ケアマッピングのツールを用い、6時間以上連続して対象者を観察し、5分毎に関わりに対して、どのような行動をしているのかを記録し、理解を深める。2. よい状態、良くない状態を評価し、ケア目標を具体的に示し、有効な指針をみつけることを目的としたケア方法である。イギリスでは、国家基準として取り入れている。	見つめること、話しかけること、触れること、立つことの4つの柱から成り立ち、「ケアする人とは何か」、「人とは何か」と言う命題を根底にした知覚・感覚・言語によるコミュニケーションメソッドである。「回復を保つ」「機能を保つ」「共にいる」の今の段階を評価することから始まる。心をつかむステップとして、1. 出会いの準備（相手に近づくまで3回ノック）⇒3秒待つ×2回＋1回ノックする 2. ケアの準備（見る、話す、触れるを全て使う）目が合ったら2秒以内に話しかける 3. 知覚の連結（見る、話す、触れるの少なくとも2つは同時に使う）4. ケアの固定 5. 再会の約束 2から5に関して、3分以内に同意が得られなければ、一旦諦める

40

インストラクター 要件	アメリカオハイオ州バリ デーショントレーニング 協会本部が養成・認定し ている。 日本での認定が可能	各国 DCM 研修を受け、 段階に応じて養成・認定 をしている。基礎コース から上級コースまである。 日本での認定が可能	フランスユマニチュード 協会がインストラクター 養成・認定している。 日本だけでなく、フラン ス協会もしくは、イブ・ ジネストによる研修も受 けなければ認定されない。

出典：中谷こずえ、臼井キミカ、安藤純子、兼田美代、神谷智子（2016）「認知症のケアメソッド『バ
　　　リデーション』『パーソン・センタード・ケア』『ユマニチュード』の文献検討によるメソッド
　　　比較」『中部学院大学・中部学院大学短期大学部研究紀要』第17号77頁

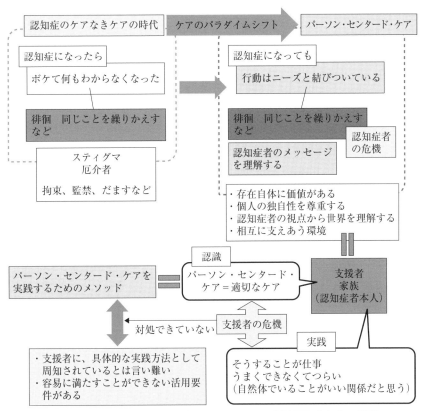

図2-3　注目されている認知症のケアメソッドを活用しきれない現状

けることができる支援者は少ないのではないかということである。現段階で
は、支援者自身の士気に任せて、時間や経済的なやりくりは個人負担となって
いることが多いだろう。このように考えると、注目されているメソッドではあ
るが、支援者のだれもが受講するには、かなりハードルが高いと思われる（図
2-3）。

（3）認知症ケア先進国で作成されたメソッドの海外評価

　PubMed および CINAHL にて「Dementia care mapping」「Validation therapy
& dementia care」「Humanitude」をキーワードに検索を行い、各メソッドの
効果や評価について文献検討を行った。「Validation therapy & dementia
care」は、特筆する文献がみあたらなかったが、「Dementia care mapping」
に多くのヒットがみられ「DCM」を使用することで、スタッフのケアの質が
向上したという結果が多数発表されていた。その中で、フルトン・BR（Fulton,
BR）、エーデルマン・P（Edelman, P）、クーン・D（Kuhn, D）（2006：343）
は「DCM は実際に実施するには費用がかかるため、簡素化し合理化しようと
している」と述べていた。「DCM」は、認知症者の連続した行動を6時間以
上、5分ごとに評価するためのマッパーと、普段どおりの環境を保つための支
援者など、時間とマンパワーの保証が必要となり、ある程度の費用を要すると
考えられる。また、ハイイメン・P（Heijmen, P）、マントルプ・C（Manthorp,
C）（2011：20）は「認知症ケアは万人に適応されたものはないので、世界中
のさまざまな事例を検討すべきだ」と評価していた。「その人らしさ」を大切
にするパーソン・センタード・ケアの考え方によれば、評価内容も世界各国の
文化や思想によって、細かく説明できることが必要になってくるであろう。数
は少なかったが、「Humanitude」の評価では、ボークアンド・S（Boquand,
S）、ジットウエル・B（Zittwel, B）（2012：1828）が「1対1では実践可能だ
が、多人数になると難しい」と述べていた。確かに「ユマニチュード」の文献
によるケアの説明や、DVD などを視聴しても、対応する認知症者はいつも1
名であった。このことを考えると、多人数の認知症者を対象として、同時にこ

の方法を実施するのは困難ではないかと想像できる。

　これらの評価から、実践現場に活用できると注目されているメソッドにも、それぞれ検討の余地があるということがうかがえた。

3．本論文の構成

（1）研究動機と研究目的

　これまでの内容をまとめると、認知症者の BPSD は、脳が障害された状態で日常生活のできごとに対応し、スムーズな処理ができず落胆し、傷つき、ストレスから情緒の不均衡となり、危機に陥った状態であると説明できる。

　そして、認知症ケアは、パーソン・センタード・ケアの理念を基本とする、拘束から尊厳を保持するケアへシフトチェンジした。この考え方を受けて我が国では、先進国でも盛んに取り入れられているメソッドの紹介や研究を試みている。しかし、どのメソッドも支援者に広く普及したとは言い難い。ただ、認知症者と直接かかわる支援者たちは、適切な認知症ケアとは、パーソン・センタード・ケアに類似したケアだという認識はもっていた。だが、実際に認知症者とかかわっているときに考えている内容は、統一されていないことが明らかになった。

　このことから、認知症者とかかわる支援者たちは、パーソン・センタード・ケアの理念は認識しているが、その理念が実践に結びついていないのだと考えた。つまり、頭ではわかっているが、実際には、対応方法が具体化されていないために、多くの支援者が、各々の考え方で認知症者に対応しているのであろう。このように、支援者の考え方が一定していない状況で、混乱した認知症者とかかわっても、BPSD は安定しないと考えられる（図2-4）。

　認知症者と直接かかわっている支援者の多くは、パーソン・センタード・ケアの理念を知識としては認識しているが、実際のかかわりに結びつけることができていない。したがって、特に危機に陥っている認知症者に適切に対応する

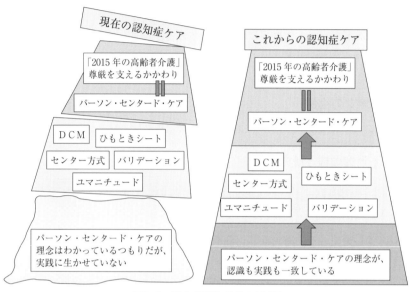

図2-4　現在の認知症ケアの姿

には、この現状を改める必要があると考えた。これが、研究の動機である。そ
して、「支援者のだれもが認知症者とかかわる際、パーソン・センタード・ケ
アの理念を踏まえた実践ができる」ことを研究目的としその方法を検討する。

　本研究によって、認知症者にかかわる支援者が、適切な認知症者への対応方
法を確立するための一助になると考える。そして、我が国や先進国で注目され
ている、より質の高いメソッドの、有効な活用のための架け橋となることがで
きるのではないだろうか。

（2）目的達成のための研究方法

　先行研究を概観すると、認知症に関する研究は多く発表されている。しか
し、どのような状況で生活することが、認知症者にとって良好な姿であり、支
援者が、どのようにかかわることが有効であるかを具体的に示している研究は
数少ない。このような状況を考えると、認知症との適切なかかわりがいまだ抽

象的であり、支援者に、具体的な形で理解されていないことが、認知症者にかかわっているときの支援者の認識が、定まっていない理由ではないだろうか。

　本研究は、トップダウンで示された方法が、必ずしも実施が容易ではない現状を踏まえた上で、個々の支援者の認知症者に対する具体的なかかわりを分析し、抽象度を上げていき、普遍的な結論を導き出すといったボトムアップの方法をとる。具体的には、認知症者に対し、実際にパーソン・センタードなかかわりができている支援者を明らかにし、その実践を分析した結果をわかりやすく可視化し、支援者の視覚に訴えることによって、対応を具体化するという方法を提案する。この方法を多くの支援者が活用することで、認知症者に対してパーソン・センタードなかかわりが可能になると思われる（図2-5）。

（3）前提とした理論と本論文の構成

　キットウッドは、「カール・ロジャーズ（Rogers, C. R）の影響を強く受け、ロジャーズの『パーソン・センタード・アプローチ』の考え方を認知症ケアに取り入れた（加藤伸司 2017：1335）」。ロジャーズは、パーソン・センタード・アプローチの根底をなす概念として「その人の能力の信頼（現実傾向への信頼）」をあげ、その支援では、その人（person）を中心とした支援者との相互のかかわりが重要である（北村世都 2015：460）」と述べた。そして、このパーソン・センタードな理念を、キットウッドは、「認知症ケアに援用したと考えられる（原文ママ：北村 2015：461）」。

　ロジャーズの傾聴の理論から、池見陽（2015：38）は「最も優先される『中核条件』は自己一致（congruence or genuineness）である」と述べている。そして池見（2015：38）は、genuineness を「誠実さ」と訳し、ひとつの面接場面を紹介している（2015：39）。そこでは、カウンセラーがクライエントの興味のない話を、興味があるようなフリをするのは「不誠実」であり、逆に、カウンセラーが「退屈だ」と感じていることを、クライエントにそのまま告げ「自己一致」することで、クライエントも「自己一致」の道を歩み始めると説明している。この「不誠実」は、前述のキッドウッドの「悪性の社会心理」を

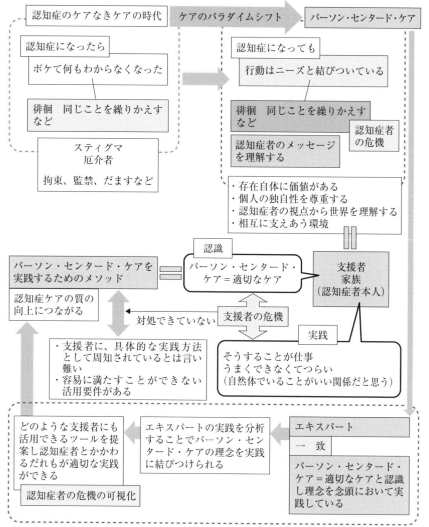

図2-5　エキスパートのかかわりから適切な実践を見出す本研究方法

発生させる、支援者の「だます」対応に通じているように思われる。

ロジャーズの共同研究者であったジェンドリンもまた、「the relationship (the person in there) is of first importance,…（関係が第１…）」（河崎俊博

2015：103）と述べ、ロジャーズの傾聴に注目した（池見 2015：40）。

　ジェンドリンは、傾聴が「自己一致」するか否かは、クライエント自身が、「心の実感」（言葉にならないが、からだには感じられている感じ、前概念的感覚）にどのようにかかわり、それをどのように表現することで決まるのかを明らかにし、この「心の実感」を「フェルト・センス（池見 1995：84）」と表現した。そして、フェルト・センスから意味を見出すための「フォーカシング」という手法を開拓し、「ぴったりとした感じ」「ああそうか」といった、気づきにも似た新しい視点（ジェンドリンはこれを「フェルト・シフト」（「体験的一歩」）と名付けた（池見 1995：132））を開いていくカウンセリングを実践した。

　認知症者のBPSDは、中核症状をもちつつ生活するため、うまくいかないことが多発し危機に陥っている、なんともいえないつらい感覚を表出した状態である。認知症者のBPSDによって発生する、前概念的感覚（混乱し、なんともいえないつらい感覚）をフェルト・シフトし、適切にかかわるための新しい視点を見出す方法として、ジェンドリンのフォーカシングは、参考にできるひとつの手法ではないかと考える（図2-6）。

　それでは、本論文の構成について説明する。まず第1章では、研究の前提を説明し、問題提起を行った。第2章では、現在、パーソン・センタード・ケアの理念を実践に結びつけるため、注目されている国内外のメソッドについて検討を行ったのち、本研究の動機と目的を示した。

　そして次章（第3章）では、パーソン・センタード・ケアの理念が実践できている支援者とは、どのような支援者であるのかを研究により明らかにする。

　第4章では第3章で明らかとなった支援者を研究協力者として、認知症者に対するかかわりの実際場面について分析を行う。

　最後に第5章ではこれまでの研究結果を踏まえて、認知症者が陥っている危機の意味を考え、メッセージを理解しようとする姿勢を、支援者のだれもが作れるように、パーソン・センタード・ケアの理念を踏まえた実践ができると考えた方法を提案する。

　図2-7が論文の構成図である。

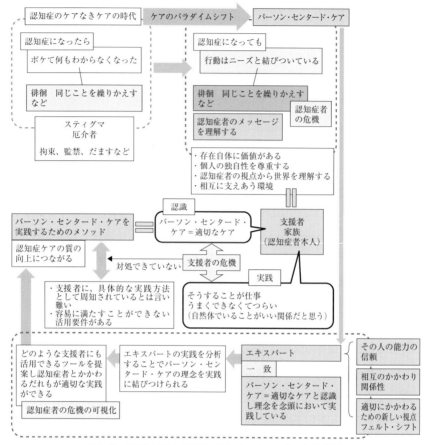

図2-6　参考文献から考えられるエキスパートの実践

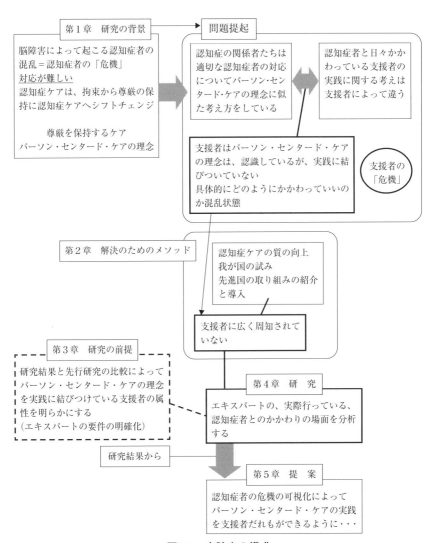

第1章　研究の背景

問題提起

脳障害によって起こる認知症者の
混乱＝認知症者の「危機」
対応が難しい
認知症ケアは、拘束から尊厳の保
持に認知症ケアへシフトチェンジ

　　尊厳を保持するケア
パーソン・センタード・ケアの理念

認知症の関係者たちは
適切な認知症者の対応
についてパーソン・セン
タード・ケアの理念に似
た考え方をしている

認知症者と日々かか
わっている支援者の
実践に関する考えは
支援者によって違う

支援者はパーソン・センタード・ケア
の理念は、認識しているが、実践に結
びついていない
具体的にどのようにかかわっていいの
か混乱状態

支援者の
「危機」

第2章　解決のためのメソッド

認知症ケアの質の向上
我が国の試み
先進国の取り組みの紹介
と導入

支援者に広く周知されて
いない

第3章　研究の前提

研究結果と先行研究の比較によって
パーソン・センタード・ケアの理念
を実践に結びつけている支援者の属
性を明らかにする
（エキスパートの要件の明確化）

第4章　研　究

エキスパートの、実際行っている、
認知症者とのかかわりの場面を分析
する

研究結果から

第5章　提　案

認知症者の危機の可視化によって
パーソン・センタード・ケアの実践
を支援者だれもができるように・・・

図2-7　本論文の構成

【引用・参考文献】

Boquand, S. Zittwel, B. (2012) Care giving and nursing work conditions and Humanitude. *Work* Vol.41, No.1, pp.1828-1831.

Fulton, BR. Edelman, P. Kuhn, D. (2006) Streamlined model of dementia care mapping. *Aging & Mental Health [Aging Ment Health]* Vol.10, No.4, pp.343-351.

Heijmen, P. Manthorp, C. (2011) Design for dementia care: international models. *Journal of Dementia Care (J DEMENT CARE)*, Vol.19, No.2, pp.20-22.

本田美和子、Yves Gineste, Rosette Marescotti（2014）『ユマニチュード入門』医学書院

本田美和子（2016）「優しさを伝える技術：ユマニチュード」『臨床精神医学』第45巻第5号、573-577頁

池見陽（1995）『心のメッセージを聴く　実感が語る心理学』講談社、84、132頁

加藤伸司（2017）「認知症に対する心理的アプローチの重要性」『老年精神医学雑誌』第28巻第12号、1335-1341頁

川原礼子（2011）「認知症の非薬物治療とその EBM（evidence-based medicine）各論　バリデーション療法・その他　validation therapy・others」『日本臨床』第69巻増刊第10号認知症学（下）、136-140頁

河崎俊博（2015）「相互リフレキシブな営みと『からだ』」『臨床心理専門職大学院紀要』第5号、101-108頁

北村世都（2015）「老年臨床心理学からみた認知症の人とのコミュニケーション」『日本認知症ケア学会誌』第14号第2号、457-463頁

厚生労働省（2015）『認知症施策総合推進戦略（新オレンジプラン）〜認知症高齢者等　にやさしい地域づくりに向けて（概要）』

厚生労働省老健局総務課認知症施策推進室資料、地域包括ケアシステムと認知症施策、www.ncgg.go.jp/kenshu/kenshu/documents/20160720-1.pdf（閲覧日2018-2-28）

三田村知子（2015）「認知症高齢者とのコミュニケーション『バリデーション』に関する研究動向—文献レビューからの考察—」『総合福祉科学研究』第6号、61-68頁

永田瞳、近藤彩子、舩本和美（2013）「センター方式を用いて認知症ケアの質向上を目指して」『愛仁会医学研究誌』第44巻、239-240頁

永田久美子、沖田裕子編集（2007）『認知症の人の支援と訪問介護の計画　センター方式ケアマネジメント実践事例』中央法規出版

内藤あけみ、田金裕昭、本田昇司（2007）「認知症ケアマネジメントセンター方式を導入した1事例」『大分リハビリテーション医学会誌』第5巻、38-41頁

中谷こずえ、臼井キミカ、安藤純子、兼田美代、神谷智子（2016）「認知症のケアメソッド『バリデーション』『パーソン・センタード・ケア』『ユマニチュード』の文献検討によるメソッド比較」『中部学院大学・中部学院大学短期大学部　研究紀要第17号、73-79頁

Naomi Feil（2001）『バリデーション—認知症の人との超コミュニケーション法』藤沢嘉勝、篠崎人理、高橋誠一訳、筒井書房、5頁

NHK オンラインクローズアップ現代、「見つめて 触れて 語りかけて〜認知症ケア“ユマニチュード”〜（2014年 2 月 5 日放送）」http://www.nhk.or.jp/gendai/kiroku/detal02_3464_all.html（閲覧日2016-1-10）

認知症介護研究・研修東京センター監修（2006）『改訂認知症の人のためのケアマネジメントセンター方式の使い方・活かし方』中央法規出版

認知症介護研究・研修東京センターケアマネジメント推進室（2008）『認知症の人のためのケアマネジメントセンター方式—利用ガイド—』

認知症介護研究・研修東京センターケアマネジメント推進室（2008）『認知症の人のためのケアマネジメントセンター方式シートパック—解説付—』

認知症介護研究・研修東京センター（2011）『認知症ケア高度化推進事業ひもときテキスト改訂版』

認知症介護研究・研修東京センター（2011）『認知症ケア高度化推進事業ひもとき手帳テキスト版』

認知症介護研究・研修東京センター「ひもときねっと『ひもときシートを使ってみよう』『認知症の人から認知症の人へ』」 http://www.dcnet.gr.jp/retrieve/info/qa.html（閲覧日2014-9-15）

認知症介護研究・研修東京・仙台・大府センター「ひもときシート教材及び認知症ケアの気づきを学ぶ研修会」『認知症介護情報ネットワーク』
https://www.dcnet.gr.jp/support/training/#training02（閲覧日2018-1-20）

西村伸子、内藤菊恵、矢田フミエ、岩成淳治（2015）「その人らしさを尊重した認知症患者の BPSD の軽減へのケア　センター方式24時間アセスメントシート・私の気持ちシートを活用して」『日本精神科看護学学術集会誌』第58巻 3 号、72-76頁

如沢学、波川明嗣（2011）「センター方式を（一部）導入したことで見えてきた看護者の行動変容　早期に個別をとらえるための取り組み」『日本精神科看護学会誌』第54巻 3 号、104-108頁

都村尚子、三田村知子、橋野建史（2010）「認知症高齢者ケアにおけるバリデーション技法に関する実践的研究」『関西福祉科学大学紀要』第14号、1-18頁

都村尚子（2015）「バリデーション研修プログラムが職員に及ぼす効果可能性に関する研究」『日本福祉のまちづくり学会福祉のまちづくり研究』第17巻 1 号、13-20頁

都村尚子（2016）「バリデーション—その有効性と課題について—」『臨床精神医学』第45巻第 5 号、579-583頁

品川区福祉高齢事業部高齢福祉課（2005）『品川区認知症高齢者ケア体制のあり方検討報告書〜認知症ケア研修体制・高齢者虐待防止ネットワークの確立に向けて〜』

牛田篤、下山久行（2012）「認知症ケアマッピングを用いた認知症ケアサービス改善の取り組み—認知症の人とスタッフへの 2 つのパーソン・センタード・アプローチ」『名古屋文理大学紀要』第12号、17-24頁

第3章

認知症者とかかわる支援者の実践に関する研究

　本章では、認知症者との実際の対応を分析する際、どのような支援者が研究協力者となり得るのかを明らかにする。以後の研究協力者を明らかにするために実施した量的研究結果と、本研究目的に類似した先行研究を参考に、具体的な研究協力者像を示す。

1．研究協力者の選定

（1）研究協力者の前提

　キットウッドが開発したDCMは、認知症者の連続した行動を多角的視点から5分おきに評価するもので、評価される場面の多くは支援者の認知症者に対する実際のかかわりである。言い換えれば、支援者のかかわりを認知症者の状態によって評価しているといえる。DCMをイギリスから日本に導入し、研究・研修を進めている水野裕（2017：16-17）は、「支援者の経験をなによりも重要視すべき」と述べている。このように、本研究目的であるパーソン・センタード・ケアの理念を実践に結びつけるためには、パーソン・センタード・ケアが実践できている支援者と、認知症者との実際のかかわりを分析することが有効だと考えられる。

　支援者を研究協力者として、その実践を分析している先行文献の多くは、経験年数の長い（おおむね5年以上が多い）支援者に協力依頼をしている。しかし、認知症者に対する適切なかかわりを明らかにするためには、拘束をよしとしていた「ケアなきケアの時代」の支援者に研究協力を依頼するわけにはいかない。つまり、経験年数の長さだけで本研究の協力依頼をするのは不適切だと

考える。

（2）研究協力者の検討結果

　筆者は、認知症者と日々かかわっているグループホームの職員に、認知症者に対応する際の考えを質問し、回答を求める量的研究を行った。その結果から、どの属性にある支援者が、パーソン・センタード・ケアの理念を多く念頭に置きながら認知症者とかかわっているのかを明らかにし、その支援者に実践分析の研究協力を依頼しようと考えた。

　この研究は、パーソン・センタード・ケアの理念が反映されている、筆者の前述の先行研究結果（表1-6）を基にアンケートを作成し（表3-1）、ＷＡＭーＮＥＴに掲載中のグループホームの、認知症者と直接かかわっている職員を対象に郵送し、回答を求めるものである（窪内 2016　関西福祉科学大学研究倫理申請承認番号13-57））。

　ＷＡＭーＮＥＴから無作為に選択した600ヵ所の事業所にアンケートを郵送し、回収された1,107件（回収率37％）を研究対象データとした。これは、全国のグループホームに従事する職員数（全国認知症グループホーム協会2009：71）の概算からみて、５％の誤差範囲内で分析が行える回答数である。

　この研究対象データから、支援者の認知症者とかかわる際の考えや属性に関する分析を試みた。

　すべての属性の回答数と比率は、表3-2である。得られた回答を単純集計すると（図3-1）、「認知症の方の対応をひとりで抱えこまず、チームでかかわることができる」と回答した職員が76.3％と最も多かった。そして「認知症の方がリラックスできるようにかかわれる」69.0％、「親しみやすい雰囲気がある」67.1％と続いた。反対に少ない回答は、「対象の興味を惹く知識を豊富にもっている」が15.9％で最も少なく、「認知症の方のリロケーションダメージを最小限にする工夫ができる」「『この人はすごい』と思いながらかかわれる」が20％前後であった。

　次に、得られた回答結果の度数の偏りおよび関連について χ^2 検定を行い、

表3-1　グループホームの職員に対するアンケート内容

あなたは認知症ケアの専門職員として、もっていなければならない資質や心がけとはどのようなものだと思いますか。あなたの考えに最も近い内容を下から選んで（　）に○印をご記入ください。いくつ選んでいただいてもかまいません。

① （　　）「この人はすごい」と思いながらかかわっている

② （　　）認知症の方の、できないことだけをさりげなく支援している

③ （　　）認知症の方がリラックスできるようにかかわっている

④ （　　）認知症状に偏見をもたず、いつも平等にかかわっている

⑤ （　　）認知症の方の行動を急がせたり、先回りせず待ちながらかかわっている

⑥ （　　）認知症の方の状況を、自分に置きかえて考えている

⑦ （　　）認知症の方が自己決定できるように、認知症の人本人に確認している

⑧ （　　）仕事の最優先を、認知症の方とのかかわりにしている

⑨ （　　）認知症の方が混乱しても、わずらわしく思わない

⑩ （　　）認知症の方の対応をひとりで抱えこまず、チームでかかわっている

⑪ （　　）日々の業務に流されそうなときに、自分のケアを振り返り律している

⑫ （　　）混乱の発生原因を、疾患を含めた多方面から推測しかかわっている

⑬ （　　）認知症の方の環境による混乱を、最小限にする工夫をしている

⑭ （　　）認知症の方のちょっとした気持ちの変化を察知し、直感で気配りしている

⑮ （　　）親しみやすい雰囲気をもってかかわっている

⑯ （　　）認知症ケアは特別ではなく、当たり前のかかわりだと思ってかかわっている

⑰ （　　）認知症状を、分析しながらかかわるのが楽しいと思う

⑱ （　　）対象の興味を惹く知識をたくさんもってかかわっている

⑲ （　　）認知症の方が、納得できるような方法を提供している

⑳ （　　）家族に専門的な助言ができている

有意差を認めた回答には残差分析を行った。その結果、有意差を認めなかった属性は「勤務するグループホームの地域」のみで、それ以外の属性は、有意差を認める回答がそれぞれにあった。

　研究結果から、最も多くパーソン・センタードな内容を回答していた属性は「2種類以上の資格」を有していた。続いて「実践者でありながら主任やリー

表3-2　研究対象とした属性の回答数と比率

（1）あなたは、どの地方のグループホームに勤務されていますか

	回答数	比率
①北海道・東北	161	14.5%
②関東	145	13.1%
③中部・北陸・東海	243	22.0%
④近畿	132	11.9%
⑤中国・四国	216	19.5%
⑥九州・沖縄	208	18.8%
無回答	2	0.2%
合計	1107	

（2）あなたの、勤務されているグループホームの設置主体はどれですか

	回答数	比率
①行政機関	6	0.5%
②社会福祉法人	337	30.4%
③医療法人	249	22.5%
④株式・有限会社	453	40.9%
⑤NPO法人	43	3.9%
⑥その他	8	0.7%
無回答	11	1.0%
合計	1107	

（3）あなたの性別

	回答数	比率
①男性	223	20.1%
②女性	878	79.3%
無回答	6	0.5%
合計	1107	

（4）あなたの年齢

	回答数	比率
①20歳以下～20歳代	165	14.9%
②30歳代	224	20.2%
③40歳代	250	22.6%
④50歳代	295	26.6%
⑤60歳以上	172	15.5%
無回答	1	0.1%
合計	1107	

（5）あなたの雇用形態

	回答数	比率
①常勤職員	890	80.4%
②非常勤職員	212	19.2%
無回答	5	0.5%
合計	1107	

（6）あなたの役職

	回答数	比率
①主任	139	12.6%
②リーダー	136	12.3%
③一般職員	775	70.0%
無回答	57	5.1%
合計	1107	

（7）あなたの資格は（※複数回答可）

	回答数	比率
①介護福祉士	623	42.8%
②社会福祉士	24	1.6%
③ヘルパー	485	33.3%
④看護師・准看護師	60	4.1%
⑤PT・OT・ST	1	0.1%
⑥無資格	81	5.6%
⑦その他	182	12.5%
合計	1456	

（8）あなたは認知症介護実践者研修を受講していますか

	回答数	比率
①認知症介護実践者研修受講済	517	46.7%
②受講していない	548	49.5%
無回答	42	3.8%
合計	1107	

（9）あなたは、現在の職場に勤務されてどのくらいですか

	回答数	比率
①1年未満	115	10.4%
②1～5年	541	48.9%
③6～10年	329	29.7%
④11～15年	85	7.7%
⑤16～20年	27	2.4%
⑥20年以上	9	0.8%
無回答	1	0.1%
合計	1107	

（10）あなたは、現在の職場に勤務される以前に認知症の方の介護の経験がありますか（家族の介護は除きます）

	回答数	比率
①なし	573	51.8%
②1年未満	73	6.6%
③1～5年	240	21.7%
④6～10年	132	11.9%
⑤11～15年	43	3.9%
⑥16～20年	27	2.4%
⑦20年以上	17	1.5%
無回答	2	0.2%
合計	1107	

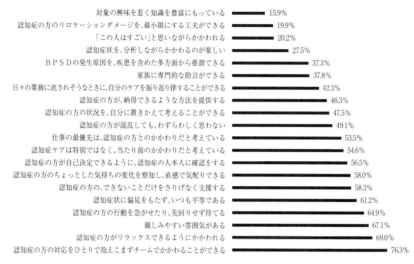

対象の興味を惹く知識を豊富にもっている	15.9%
認知症の方のリロケーションダメージを、最小限にする工夫ができる	19.9%
「この人はすごい」と思いながらかかわれる	20.2%
認知症状を、分析しながらかかわるのが楽しい	27.5%
ＢＰＳＤの発生原因を、疾患を含めた多方面から推測できる	37.3%
家族に専門的な助言ができる	37.8%
日々の業務に流されそうなときに、自分のケアを振り返り律することができる	42.3%
認知症の方が、納得できるような方法を提供する	46.3%
認知症の方の状況を、自分に置きかえて考えることができる	47.5%
認知症の方が混乱しても、わずらわしく思わない	49.1%
仕事の最優先は、認知症の方とのかかわりだと考えている	53.5%
認知症ケアは特別ではなく、当たり前のかかわりだと考えている	54.6%
認知症の方が自己決定できるように、認知症の人本人に確認をする	56.5%
認知症の方のちょっとした気持ちの変化を察知し、直感で気配りできる	58.0%
認知症の方の、できないことだけをさりげなく支援する	58.3%
認知症状に偏見をもたず、いつも平等である	61.2%
認知症の方の行動を急がせたり、先回りせず待てる	64.9%
親しみやすい雰囲気がある	67.1%
認知症の方がリラックスできるようにかかわれる	69.0%
認知症の方の対応をひとりで抱えこまずチームでかかわることができる	76.3%

図3-1　回答の単純集計結果

ダーなどの管理的役割を担っている」属性、「認知症介護実践者研修[2]の受講を修了している」属性、「介護経験が6年以上」の属性であった。また、これらが有意に高く選択した回答内容は、全体の回答を単純集計した結果の40%以下しか選択されていないものが含まれ、大部分の支援者が認知症者とかかわる際、あまり念頭に置いていない内容にも視点が向けられているのが特徴的であった。この支援者たちは、多くのパーソン・センタード・ケアの考えを念頭に置いて認知症者とかかわり、広い視野をもって日々の実践を評価しながら、ケアの質の向上をめざしているのではないかと思われる。

　一方、「無資格」および「役職についていない一般職員」「10歳代〜30歳代」「介護経験および勤続年数が少ない」属性は回答数が有意に少なかった。この

2）「認知症介護実践者等養成事業実施要綱」（平成18年3月31日付け老発第0331010号厚生労働省老健局長通知）に基づき、高齢者介護実務者に対し、認知症高齢者の介護に関する実践的研修を実施することにより、認知症介護技術の向上、認知症介護の専門職員を養成、認知症高齢者に対するサービスの充実を目的として各都道府県で実施されている。

結果から、認知症者とかかわっている支援者のだれもが、パーソン・センタード・ケアの考えを踏まえた実践ができるようになるには、認知症者とかかわり始めてまだ年数の浅い支援者や研修の参加など自己研鑽する機会の少ない支援者にも、日々の、認知症者へのかかわりに生かせる実践方法を示す必要があると結論づけられた。

（3）研究協力者の具体的な属性

本研究結果から「資格を2つ以上取得している」「実践者でありかつ主任やリーダーなどの管理的役割を担っている」「認知症介護実践者研修を修了している」「勤続年数や介護経験年数が6年以上ある」といった属性をもつ支援者たちは、認知症者とかかわる際に、パーソン・センタード・ケアの考えを踏まえた実践をしていると考えられた。その具体的な実践を明らかにするためには、これらの属性をもつ支援者に研究協力を依頼し、実際に認知症者とかかわっている場面を分析することが有用だろう。

2．先行文献を参考にした研究協力者の条件

先行文献の中にも、一定の属性をもつ認知症ケアの支援者に研究協力を依頼し、その実践から認知症ケアの質の向上をめざしているものがある。代表的な研究は、認知症介護研究・研修仙台センター（以下仙台センター）の、加藤（2007、2008、2009）が研究代表者となって行われた研究である。それは、認知症者に対するケアモデルの構築に関する研究であり、認知症ケアのエキスパートの実践を分析し、ケアの標準化を目指した「エキスパートモデル」の開発を試みたものである。

（1）先行文献の概要

加藤（2008：6）は、その研究の中で「エキスパート」となる支援者の条件を「認知症介護指導者養成研修修了者であり、かつ、現在、現役であること、

認知症者とのかかわりの中で成功体験をもっている者」と設定している。この条件設定は、「認知症介護の熟練者は、数多くの認知症高齢者に対して効果的なケアを実行し、認知症高齢者の安定した生活を実現してきた事実がある。つまり、認知症介護のエキスパートは多くの認知症高齢者への対応から、個々の状況に応じた最良の方法を多くの経験や体験の中から学び、個人の経験としてケアの一般化或いは法則化を行っていると考えられる（加藤 2008：6）」という理由からである。加藤（2008：6）の研究は、エキスパートの特徴を明確化するため、認知症者とのかかわりが1年未満の支援者を比較群として設定し、認知症介護指導者研修を修了した全国の認知症介護指導者と、同施設に所属する新人職員に質問紙による郵送調査を行っている。

　データは、認知症者の日常生活に関する架空事例を提示し、量的に分析したものと認知症者への対応の留意点、アセスメント時の重要視点について、自由記述による回答結果をKJ法により質的に分析したものを用いていた。

（2）先行文献の結論

　加藤（2008：6）の研究方法は、認知症者の生活にありがちな架空事例をエキスパートと新人職員に提示し、アセスメントや対応を比較して特徴を抽出したものである。この方法をクリティークすると、提示された事例は認知症者にありがちなものではあるが架空事例であり、支援者が実在する認知症者とかかわった場面ではないため想像の域を出ない。つまり、支援者の想像と実践が、つながって説明されているのかどうかが疑問である。加藤（2009：9）も、研究のまとめに、「今後さらにこの研究で得られた結論を、実際の実践場面で検証する必要がある」と述べている。

　また、「エキスパートは新人職員と比較して『成功体験の頻度が高い』（加藤2009：9）」という結論を示しているが、エキスパートの成功体験とはどのような体験をいうのかは明らかになっていない。これについて加藤（2009：471-472）は、認知症者に対する支援に関するアウトカムを明らかにするため、エキスパートが成功したと考えるかかわりを選択式のアンケートによって把握し

ようとした。しかし、アンケートの選択肢が限定されてしまったため、「（提示
された選択肢では、成功体験か否か）どちらともいえない」という多くのエキ
スパートからの回答により、成功体験の内容は明らかにならなかった。エキス
パートの実践に対する認知症者の反応は、いつも、だれも、同一である、とい
う単純な評価ができるわけではなく、認知症者についての多くのさまざまな情
報を加味して、エキスパートは、自身の支援内容の評価を行っていることが示
されたといえる。今後この研究では、エキスパートがかかわることで、認知症
者の状態がどのように変化すれば支援者の対応が成功だったのかを明らかにす
る必要がある。そして、支援者がかかわった際、認知症者が、どのような状態
に変化することで、危機が回避できたといえるのかを明確にすることによっ
て、パーソン・センタード・ケアの考えは、実践に結びついたということがで
きるだろう。

（3）本研究の協力を依頼する支援者像

　加藤は研究をとおして、エキスパートは認知症者の対応で「成功体験の頻度
が高い（加藤 2008：9-12、15）」「行動の原因を高齢者中心に捉え、周囲との
人間関係による動的な状況の中で（認知症者とのかかわりを）アセスメントし
ようとしている（加藤 2008：15）」「認知症の種類や原因疾患を考えている（加
藤 2008：15）」「生活歴の確認を行っている（加藤 2008：15）」ことが新人職
員と比較して特徴的だと述べていた。

　この加藤の研究結果と、筆者の先行研究から得られたパーソン・センタード
な実践ができている支援者の特徴は類似し、加藤の研究と比較すると筆者の研
究結果では「資格を 2 つ以上取得している」「主任やリーダーなど、実践者で
ありかつ管理的役割を担っている」といったより詳細な研究協力者像が明確に
なったと考えられる。**本研究は、以下の a ～ d の要件をすべて満たした支援者
を研究協力者とし「エキスパート」と呼称する。**

　a．資格を 2 つ以上取得している

　b．主任やリーダーなど実践者であり、かつ管理的役割を担っている

c．認知症介護実践者研修・認知症介護実践リーダー研修・認知症介護指導
　　　者養成研修のいずれかを修了している
　　d．勤続年数もしくは職業としての介護経験年数が６年以上ある
　そして、本研究では、エキスパートが認知症者と実際にかかわっている場面
から、その行動とそこに至った支援者の思考について分析を行う。

3．研究：認知症者とエキスパートの対応場面の分析

　本研究は、エキスパートの要件を満たす支援者に研究協力を依頼し、認知症
者とのかかわりで、成功したと考える場面のプロセスレコードを作成する。
　そして、このプロセスレコードを分析することで、共通する実践内容を明ら
かにし、分析した内容を活用することで、支援者だれもが実践できるパーソ
ン・センタードな、認知症者への対応方法案を提示することをめざす。

（１）研究方法

　１）研究協力者
　グループホームに従事するエキスパート

　２）データ収集方法
　①本研究の研究協力者は、スノーボールサンプリング方式にて開拓し、エキ
スパートの条件を満たしている支援者に「認知症者とのかかわりで、あなたが
成功したと考えられる場面」についてプロセスレコードの作成を依頼した。そ
の際、プロセスレコードの項目である「相手の言動・行動」「私が考えたこ
と・感じたこと」「私の言動・行動」に関する研究協力者の口述を、筆者がそ
の場で筆記する形でデータ収集を行った。
　データ収集方法にプロセスレコードを用いたのは、「現実的な困難と自己中
心性がどう絡まりあっているのかを解き明かしながら、実行できる適切な援助
について考える上で有力な手立て（宮本真巳 2003：24）」であり、また、プロ

セスレコードは、認知症者とのかかわりの実際場面を、エキスパートが「フィードバックしながら記録するため主観性が極めて高く」、エキスパートの「知覚が大きく影響し、エキスパートが自分自身の主体性で、相手をどう知覚し認識するのかを知ることができる（林智子、井村香積 2012：142)」からである。

　②①終了後、「今、振り返って思うこと」を筆者が研究協力者に対し、インタビューを行いその内容を口述筆記しデータ収集した。

　3）分析

　プロセスレコードの「私が考えたこと、感じたこと」を意味のあるひとつのテクストに区分し、SCAT による質的分析を行った。なお、信頼性と妥当性を高めるため、認知症ケアに関する指導的立場にある 2 名からコンサルテーションを受け検討を重ねた。

（2）倫理的配慮

関西福祉科学大学に研究倫理審査を申請し承認を得た（承認番号13-58）。

　1）研究協力者個人の人権擁護
　　ａ．研究の参加は自由意思で、いつでも中止できることの保障
　　ｂ．研究協力を拒否、途中で中止しても不利益を被らないことの保障
　　ｃ．個人情報保護の確約
　　ｄ．得られたデータは分析し結果をまとめた後、5 年保管後消去する保障
　　ｅ．研究結果の公表と、その際の匿名性の保障。
　　ｆ．得られたデータを本研究目的以外に使用しないことの確約。

　2）研究協力者となる者に理解を求め同意を得る方法
　1）のａ～ｆをすべて研究の主旨内容を文書と口頭で説明し同意を書面で得た。なお、研究協力者の勤務する施設長にも、同様の説明を文書と口頭で行い

表3-3　研究協力者（エキスパート）の概要

性別	年齢	役職	資格	受講済研修	介護経験
女性	50歳代	主任	ヘルパー 介護福祉士	認知症介護 実践リーダー研修	15年
男性	30歳代	リーダー	社会福祉士 介護福祉士	認知症介護 実践リーダー研修	10年
男性	30歳代	主任	ヘルパー 介護福祉士	認知症介護 実践リーダー研修	12年
女性	50歳代	主任	ヘルパー・介護福祉士 介護支援専門員	認知症介護 実践リーダー研修	15年
女性	50歳代	主任	ヘルパー・介護福祉士 介護支援専門員	認知症介護 実践リーダー研修	15年
女性	30歳代	主任	介護福祉士 介護支援専門員	認知症介護 実践リーダー研修	13年

同意を書面で得た後、プロセスレコード作成完了のコピーを提出し、面接の終了報告を行った。また、プロセスレコード内に登場する認知症者については、本人とその家族にも同様の説明を文書と口頭で行い、本人と共に同意を書面で得た。

　研究協力者、研究協力者の勤務する施設長、プロセスレコードに登場する認知症者本人（その家族）の三者の同意をもって本研究を開始した。

（3）研究結果

1）研究協力者の紹介

　本研究協力者は表3-3の6名である。いずれも、認知症介護実践リーダー研修を修了しており、職場では指導的立場にあった。

　全員、「ヘルパー」「介護福祉士」「社会福祉士」「介護支援専門員」など2資格以上を取得し、6年以上の介護経験年数を有していた。このように研究協力者全員、設定したエキスパートの要件と合致していた。年齢は50歳代の支援者

と、30歳代の支援者となっている。

　また、プロセスレコードの場面に登場する認知症者は全員アルツハイマー病であった。

　2）データ分析の結果

　プロセスレコードの「私が考えたこと、感じたこと」を、意味のある1テクストに区分したところ54テクストとなり、SCATを用いて質的分析を行った。分析に際し、「今、振り返って思うこと」も参考にし、なぜこの場面が研究協力者にとって成功体験となりえたのかについて検討した。この分析結果から、研究協力者のかかわりにはプロセスがあり、そのプロセスは9段階で構成されていることが明確になった。プロセスの概念を【　】で表し、研究協力者のテクストの一部を「　」で以下に示した（実際のプロセスレコードは巻末資料参照）。

プロセス1

【認知症者自身のもてる力のみで混乱に対処できるかを見守る】

2-②-1　「場面は、今までもあったし、なにか嫌なことがあったのかな？トイレの
　　　　　サインかな？」

2-②-2　「（台所の方にいたため）そばにいる他スタッフにまかせよう」

プロセス2

【言動や行動から、表面にあらわれている混乱の原因を考える】

2-⑤-1　「うろうろする原因がトイレだったのかな？」

3-⑥　　「認知機能の低下で、季節の判断ができずにそう思っているのかな？」

6-⑧　　「排泄表では、おしっこ出てなかったな…トイレ行きたいんかな？」

プロセス3

【表面にあらわれている混乱を解決するため"とりあえず"かかわる】

1-⑤　「自分の荷物が気になるんだな。気持ちが不安定な感じでしんどそう。お
　　　　となしい人なのでわかりにくいけれど、この感じは、この人にしたらわ
　　　　りとしんどいのではないかなぁ？とにかく落ちついてもらおう」

1-⑭-1　「とりあえず荷物を見せて安心してもらって」

6-⑪　「トイレだけじゃないとは思うけど、とりあえずトイレ行ってみよう」

プロセス4

【今までのかかわりでは混乱の本当の解決にはならないと自問する】

2-⑭-1　「まだうろうろがおさまらない。表情も険しいし、まだ落ち着いておられ
　　　　ないのでは？」

4-②　「なにもかもうまくできず、なぜここにいるのかわかっていない。こんな
　　　　状況で『落ちついて』とか『お茶飲みましょう』と言っても落ちつくわ
　　　　けがない。本人の欲しい答えではないし…」

6-⑰-1　「開眼している。やっぱりトイレだけじゃなく、なにか思ってはんのやろ
　　　　な。寝れないというのは、なにか不安なことを考えてはんのかな？」

プロセス5

【混乱に至る道筋をシミュレーションしながら、真のかかわりについて考え
を馳せる】

3-⑨　「本人がそう言ってるし、それでいいか…でも…いやでも汗をかいてつら
　　　　いのは本人やし、脱水を起こした経験もあるし、そこは引けない。脱水
　　　　のことは本人もなにとなく覚えているし、脱水のことは怖いと思ってい
　　　　るし…」

3-⑮-1　「『ここになんで来たかわからへん』という言葉が引っかかる。まだここ
　　　　にいることが不安なのかな？ひとり暮らしで、なんでもやってこられて、
　　　　なかなかここのスタッフを信じることができんのかな？」

6-⑰-2　「だれかがそばにいると安心するかも知れんけど、Ｆさんは気丈な人や
　　　　し、嫌がられるかも知れんし、以前、添い寝したときつねられて「向う

行け」と言われたし…F さんは、べたべたされるのは嫌いやし、身体さす
るのも嫌やろな…」

6-⑰-3　「気持ちのもってはるものを、なにとかして少しでも軽くしたい…でもど
うしたらいいんやろ？」

プロセス6
【これから行うかかわりは今後の関係構築において必要なことだと考える】

4-⑭　「お世話になるだけで、私はなにもできなくなる価値のない人間になって
しまうと思ってほしくないし、ここには D さんの大きな役割があるし、
そんな卑下しなくても、まだまだいっぱいいいところがあると思ってほ
しい」

5-⑤-2　「ごまかした言動で、いつまでもはぐらかしたうわべだけの関係を続けて
いてもいいのかな」

5-⑤-3　「こんなに、頑張ってこられた人なのに、人生の最後の住処になるこのグ
ループホームでの生活が、本人の訳がわからないままで終わってしまっ
てはいけない」

プロセス7
【相手の状態を見極めかかわるタイミングを計る】

4-⑤　「今かな？今なら本当の状況をちゃんと喋れる」

5-⑤-1　「ちょっとは通じあえたかな。今なら、なぜここにいるのかわからないと
いった混乱について、納得できる話しができるかもしれない」

プロセス8
【認知症者ののりこえる力を信じこのかかわり方で間違いはないと確信する】

2-⑰-2　「手を繋いでみて、振り払ったらまだ怒っているだろうし、手を繋いでみ
ようかな？手をつなぐことができたら、部屋の出入りもしんどいだろう
し、フロアの自分の席に座れれば、もっと落ち着くだろうな」

3-⑮-2 「でも、自分は自分の中で、Cさんが大事な人だし、自分の思いは今、伝えよう」

5-⑤-4 「ちゃんと話して混乱されたとしても、他の人生の大きな転機をのりこえてきた人だから、きっと疾患のことを話してのりこえられると思う」

プロセス9

【今回のかかわりによって関係が深まり共にいようと思う】

5-⑧ 「（ほっとした表情をみて）やはり自分なりの役割があることで、気持ちが楽になったんだろうな」

6-㉓ 『ありがとう』という言葉と手を繋いだことで、ほっとしはったんやな。次の仕事がなかったら、ずっとこのままでおりたいけどな…」

　得られたデータを用いて分析を行った結果、エキスパートたちが成功したと考える認知症者とのかかわりの場面は、以下のプロセスを経ていることが認められた。

プロセス１：認知症者自身のもてる力のみで混乱に対処できるかを見守る

プロセス２：言動や行動から、表面にあらわれている混乱の原因を考える

プロセス３：表面にあらわれている混乱を解決するため〝とりあえず〟かかわる

プロセス４：今までのかかわりでは混乱の本当の解決にはならないと自問する

プロセス５：混乱に至る道筋をシミュレーションしながら、真のかかわりについて考えを馳せる

プロセス６：これから行うかかわりは今後の関係構築において必要なことだと考える

プロセス７：相手の状態を見極めかかわるタイミングを計る

プロセス８：認知症者ののりこえる力を信じこのかかわり方で間違いはないと確信する

プロセス9：今回のかかわりによって関係が深まり共にいようと思う

【引用・参考文献】

林智子、井村香積（2012）「看護初学者のプロセスレコードからみるコミュニケーションの特徴」『三重看護学誌』第14巻第1号、141-148頁

加藤伸司代表研究者（2007）「認知症における標準的なケアモデルの構築に関する研究」『平成18年厚生労働省科学研究補助金長寿科学総合研究事業報告書』

加藤伸司代表研究者（2008）「認知症における標準的なケアモデルの構築に関する研究」『平成19年厚生労働省科学研究補助金長寿科学総合研究事業報告書』、6、9-12、15頁

加藤伸司代表研究者（2009）「認知症における標準的なケアモデルの構築に関する研究」『平成20年厚生労働省科学研究補助金長寿科学総合研究事業報告書』、9、471-472頁

窪内敏子（2016）「認知症ケアの実践者が抱く感情規則の傾向」『日本看護福祉学会誌』第21巻第2号、165-182頁

宮本真巳編著（2003）『援助技法としてのプロセスレコード　自己一致からエンパワメントへ』精神看護出版、24頁

水野裕（2017）「現場の悩みにこたえるBPSD対応ガイド　認知症ケアのポイント—パーソン・センタード・ケアの視点から」『おはよう21』第28巻第12号、12-17頁

全国認知症グループホーム協会（2009）『認知症グループホームの実態調査事業報告書』、71頁

第4章

認知症者とかかわる際の
エキスパートに共通した特徴

　エキスパートたちの認知症者とのかかわりを分析した結果、共通する9プロセスを認めた。これは、認知症者が陥っている危機の意味を共感的に理解し、エキスパートたちが創造した、適切な認知症者への対応を実践するプロセスだといえる。

　本章では、このプロセスをジェンドリンの体験過程スケールに沿って考察していく。また、エキスパートたちが選んだプロセスレコードの場面が、なぜ成功だといえるかかわりなのかを、ソーシャルワークの危機理論から説明する。

1．認知症者と支援者のフェルト・センスの共感的理解

（1）エキスパートがプロセスレコードに選んだ場面の特徴

　エキスパートたちが選択したプロセスレコードの場面は、いずれも認知症者が危機の状態にあり、エキスパートがかかわることによって、認知症者の状態が変容したことを成功体験として考えていた。

　「危機状態は災害や事件、事故に巻き込まれたときなどに陥るだけではなく、日々の生活を営む上でも、些細なことから危機に遭遇することがある（ドナ・C・アギュララ（Aguilera, D. C）、ジャニス・M・メズイック（Messick, J. M）著 1974／小松源助ら訳 1978：7）」。本研究のプロセスレコードの場面でも、日常の数分程度と考えられる短い危機の場面がとりあげられていた。このことから、エキスパートたちが成功だと考えている認知症者とのかかわりは、日常の些細なできごとで発生する認知症者の危機にかかわる場面で、いつ

71

も展開されていることが理解できる。日々の生活の中で、常時発生している認知症者の危機に無意識にかかわっているエキスパートの考えや行為、特に成功したと考えられる場面については、多忙な業務などによって忘れてしまうのではなく、今回の研究方法であるプロセスレコードの作成などによって、努めて継続させるなんらかの工夫が必要ではないかと思われた。

また、エキスパートと認知症者との間に交わされている言葉数は、非常に少ないながら「私が考えたこと、感じたこと」には、エキスパートが認知症者に対し、たった一言を発するときにも、いろいろな可能性やリスクを考慮しつつ言葉を吟味し、慎重に発言していることが認められた。エキスパートは、些細なかかわりであってもないがしろにすることなく、認知症者の危機が適切に回避され、認知症者自身で適切に対応していることが理解できた。これは認知症者のかかわりがまだ浅い支援者や無資格の支援者などが、エキスパートの行動や言動を表面的に真似るだけでは、同様の結果は得られないだろうと考えられる。

ここで重要なことは、支援者各々が、認知症者との相互のやりとりを、自分はどのように考えているのかを常に振り返ることが必要だということである。そして、このプロセスレコードのように、そのときの自分の考え（プロセスレコードの「私が考えたこと、感じたこと」）を言語化し、認知症者とかかわる支援者のその場での判断を集め、分析を積み重ねていかない限り、そのかかわりはひとりの支援者の勘と経験で終わってしまうだろうと考えられた。

本研究でも筆者は、認知症者とのやりとりをプロセスレコードのスタイルで口述筆記しながら、研究協力者であるエキスパートたちの「私が考えたこと、感じたこと」を明確に表すため、エキスパートたちへ確認のためのインタビューを繰り返した経緯があった。

（2）エキスパートの危機介入プロセス

エキスパートたちのかかわりには、9プロセスが認められ、その中でも目的の違う局面があった。最初は、①認知症者の表面化している混乱の原因を除く

ことを目標に、認知症者にかかわり、次に②一旦少し混乱が収まった時点で、危機の意味をさぐっていき、どのようにかかわればいいのか考え模索しながら、危機の回避に向かうという大きく分けて2段階である。一般的には①の、表面化している混乱が収まれば、そこでかかわりを終えるだろうと思われるが、エキスパートたちは②で、認知症者の漠然とした混乱にアプローチしようとしているところが特徴的であった。

　プロセスレコードの「今、振り返って思うこと」の中の「いつまでもそれではいけないと踏みとどまった。なんとかして、ここの職員の話にも耳を傾けて欲しい（事例3）」「ケアする側は、楽になるかも知れないが、対象はいつまでたっても楽になることはないと思う。それは、相手を大切にしているとはいえないのではないかと思えた。本当のことを伝えても混乱は収まらないかもしれないけれど、それは、一緒に悩めばいいしそれが、専門職の仕事だと思う（事例4）」「認知症に罹患していることを、はぐらかすことによって起きる混乱につきあっていることが無駄なことのように思えた。そのため、本当のことを話しても混乱はあるかもしれないが、そうであっても意味のあることではないかと考え…（事例5）」「余命幾ばくもない状態なのに、気丈に自分の不安などを口にも、表情にも出されない、自分にも他人にも厳しいこの方の本心はだれにもわからないと思ったけれど、せめてなんとかならないかと葛藤した（事例6）」などは、認知症者との今までのかかわりでは、適切な危機回避ができていないというエキスパートの考えであり、新しいかかわりを模索しつつ創造し、かかわる場面である。この創造的なかかわりが生まれたからこそ、相互の関係の深まりにつながるのだろうと考える。

　ヴィクトル・E・フランクル（Frankl, V. E）（霜山徳爾訳 1985：183）は、アウシュビッツの収容所で、心身ともに極限状態にまで疲弊した収容者が、それでも自己が前向きに生きられるように「人生からなにをわれわれはまだ期待できるかが問題なのではなくて、むしろ人生がなにをわれわれから期待しているかが問題なのである」と述べており、生きる意味が存在するのでなく、その意味を作り出すことが必要であると解釈している。危機状態にある認知症者

に、疑いもなくその場限りの対応を続けていては、いつまでたっても認知症者のつらさは解消されることはないだろう。BPSDという危機への対応についても、このような大きな観点の変更が必要になってくるのかもしれない。アギュララ、メズィック（小松ら訳 1978：29）は「（危機介入方法の）技術は多様であり、（支援者の）融通性と創造性によってのみ制限される」と述べており、エキスパートたちは、認知症者との混乱が一時的に収まったかかわりを、ルーティーン・ワークにせず、危機に陥った個々の意味はどのようなものであるのかに触れるため、認知症者の発信する言葉や行動などをとおして、認知症者本人側に立って理解し、かかわりを模索していた。

　ジェンドリンは、はっきりと概念として認識されていない前概念的感覚をフェルト・センスと説明し（池見 2010：54）、その「フェルト・センスに焦点をあて気づきに至ると、新しい視点が開ける（池見 2010：70)」と述べた。ジェンドリンは、「相手が抱える問題の整理がつくのは相手に内省が生じたからであり、この内省の過程は個人が漠然とした実感（フェルト・センス）に触れる過程」だと述べ、これを「体験過程の推進」と呼んだ（池見 1997：15）。ジェンドリンは、フェルト・センスに触れる体験過程を、スケール（以下EXPスケール）（表4-1）で表し、そのスケールが進むことで「自己が気づきに至り、新しい視点が開け問題の整理ができると考えた（嶋田弘人 2011：48)」。はっきりしない漠然とした実感であるフェルト・センスを推進し、新しい気づきに変化させる（ジェンドリンはこのことを、フェルト・シフトと称した）ために「フォーカシング」という方法が用いられる。

　この方法は、さまざまな視点からクライエントに質問を投げかけ、ときには相手の言動を傾聴し、相手の言葉を繰り返したり具体的な例をあげたりしながら、EXPスケールを進ませ相手に寄り添いつつ、クライエントに新しい気づきを芽生えさせていく。しかし、はっきりしない漠然とした実感に気づくため、自身で体験過程を進めていくフォーカシングを、脳の疾患によって認知機能が低下している認知症者が行うには難しい。だが、**エキスパートは、認知症者の危機に陥っている漠然とした実感を、認知症者の発する言動や行動、人と**

表4-1　体験過程スケール（EXP スケール）

段階	評定基準の概要（例文、説明）
1	自己関与が見られない。話は自己関与がない外的事象（今日の降水確率は10％です。）
2	自己関与がある外的事象。〜と思う、と考えるなどの感情を伴わない抽象的発言。（今朝新聞を見たら、降水確率が70％でした、雨がよく降るなあと思いました。〜と思うなどの抽象的発言で感じに触れない。）
3	感情が表明されるが、それは外界への反応として語られ、状況に限定されている。（雨ばかりだと、イヤですね。イヤという感情表現は雨に限定されている。）
4	感情は豊かに表現され、主題は外界よりも本人の感じ方や内面。（その仕事のことを考えると、胸が重い感じがする、何か角ばったような……堅苦しい感じです。感情は豊かに表現され、主題は仕事よりも受け止め方。）
5	感情が表現されたうえで、自己吟味、問題提起、仮説提起などが見られる。探索的な話し方が特徴的である。（堅苦しいのが好きになれないのかなあ…いや…堅苦しさに「はめられる」のを嫌っているのかなあ。〜かなあという仮説。）
6	気持ちの背後にある前概念的な体験から、新しい側面への気づきが展開される。生き生きとした、自信を持った話し方や笑いなどが見られる。（あれ、そうだ僕は女房の病気のことを心配しているんじゃないんだ……心配しているんだと、そう思っていたけど、ああそうだ、それよりも「病院に行け」というのに、行こうとしない女房に腹が立っているんだ！ああ、本当はそうだ、腹が立っているんですよ（笑い）。このところ、ずっと重たい感じだったのは、心配じゃなくて、腹が立っていたんですね。新しい側面への気づき。）
7	気づきが応用され、人生の様々な局面に応用され、発展する。（夢の中の女性みたいに、もっと「気楽に」生きられたらいいんだ。気楽さがなかったんだ。全然。自分の中の気楽さを殺してきたというか、ここに来てから「大変だ」と思っていたから、（笑い）酒とタバコやめたりして、そう言えば、毎日、強迫的に予定を作って自分をガンジガラメにしたり、そうそう……大学院に入ったときも、同じようなことをしていたし……ああ、ストレスを感じると、いつもそうしているみたい……配属されたときも、あのときも、自分で自分をガンジガラメにしていたんですよ……。気づきが応用されていく。）

出典：池見陽（1997）『フォーカシングへの誘い―個人的成長と臨床に生かす「心の実感」』
　　　サイエンス社15頁

なりなどを照らし合わせて理解しようとしているようであった。認知症者の危機の意味について考えながら、エキスパートが納得して選んだかかわりを実践することで、認知症者にも肯定的な変化が現れていた。この、エキスパートたちの9プロセスを踏むかかわりと認知症者の変化には、EXP スケールに似た過程が認められた（表4-2）。

表4-2　エキスパートのかかわりのプロセスと EXP スケールの比較

	体験過程スケール （EXP スケール）		構成概念	危機介入
段階1	自己関与が見られない。話は自己関与がない外的事象	プロセス1	認知症者自身のもてる力のみで混乱に対処できるかを見守る	情報収集 アセスメント
段階2	自己関与がある外的事象。～と思う、と考えるなどの感情を伴わない抽象的発言	プロセス2	言動や行動から、表面にあらわれている混乱の原因を考える	
段階3	感情が表明されるが、それは外界への反応として語られ、状況に限定されている	プロセス3	表面にあらわれている混乱を解決するため "とりあえず" かかわる	
段階4	感情は豊かに表現され、主題は外界よりも本人の感じ方や内面	プロセス4	今までのかかわりでは混乱の本当の解決にはならないと自問する	
段階5	感情が表現されたうえで、自己吟味、問題提起、仮説提起などがみられる。探索的な話し方が特徴である	プロセス5	混乱に至る道筋をシミュレーションしながら、真のかかわりについて考えを馳せる	フェルトセンスの共感的理解
段階6	気持ちの背後にある前概念的な体験から、新しい側面への気づきが展開される。生き生きとした、自信を持った話し方や笑いなどが見られる	プロセス6	これから行うかかわりは今後の関係構築において必要なことだと考える	危機アプローチ
		プロセス7	相手の状態を見極めかかわるタイミングを計る	
		プロセス8	認知症者の乗り越える力を信じこのかかわり方で間違いはないと確信する	
段階7	気づきが応用され、人生の様々な局面に応用され、発展する	プロセス9	今回のかかわりによって関係が深まり共にいようと思う	危機アプローチの終了 新しい関係の構築

　エキスパートたちは、認知症者の混乱した状態を一時的に収めて終えるのではなく、フェルト・センスとして捉え、危機の発生の意味を考えつつ、新しい対応方法を創造しかかわっていた。エキスパートは、**プロセスを経ながら、あたかも支援者が認知症者本人であるかのように、認知症者の危機を共感的に理解しているのではないかと考えられた。**

（3）フェルト・センスの共感的理解の成立要件

　ロジャーズは、心理療法の必要十分な条件の中のひとつに「共感的理解」をあげている。ロジャーズ（カーシェンバウム・H（Kirschenbaum, H)、ヘンダーソン・V. L（Henderson, V. L）編／伊東博、村山正治監訳 2001：474）は「（支援者の）条件はクライエント（認知症者）の気づき、そして（認知症者）自己自身の経験について、正確な共感的理解を体験しているということである。クライエント（認知症者）の私的世界をそれが自分自身の世界であるかのように感じ取り、しかも『あたかも……のごとく』という性質（"as if" quality）をけっして失わない―これが共感なのであって、これこそセラピー（かかわり、対応）の本質的なものであると思われる（（　）内筆者追記)」。そして、「クライエント（認知症者）の怒り、恐れ、あるいは混乱を、あたかも自分自身（支援者）のものであるかのように感じ、しかもその中に自分自身（支援者）の怒り、恐れ、混乱を巻き込ませていないということが条件なのである（（　）内筆者追記)」と述べている。エキスパートたちは、このロジャーズの共感的理解を実践しているのではないかと考えられる。

　エキスパートが、認知症者の危機をフェルト・センスとして捉え、ジェンドリンの体験プロセスに沿いながら、認知症者をなるべくそのままの本人で把握し、危機に陥った意味を考え、認知症者のフェルト・センスを共感的に理解することで、認知症者に成り代わって、明らかな危機として認識することができる。そして、危機状態にある認知症者は、フェルト・センスを共感的に理解したエキスパートの対応によって、危機をうまく回避することができるだろう。

　エキスパートたちは、認知症者をそのままの本人で理解できるのは、認知症

者の考え方や思いなどを、シミュレーションしながらかかわっていると思われる。「誤信念課題」と呼ばれるシミュレーションの方法を、ウィマー・H（Wimmer, H）、パーナー・J（Perner, J）（1983）は、幼児を対象にして、心の理論の成立を確認する通称「チョコレート課題」を用いて説明している。設定は、少年が戸棚Xにチョコレートを置いて出かけ、少年が不在の間に母親が戸棚Yにチョコレートを置き換える。そして帰宅した少年は、どこにチョコレートをさがしに行くかを問うものである。心の理論が成立している幼児は、自分が知っている事実と、設定内の少年の事実が区別でき、自分の知っている事実ではなく少年の状況を理解し「少年は戸棚Xをさがす」と答えることができる。これを認知症者に当てはめると、支援者の知覚している事実は、中核症状をもちながら生活している認知症者が知覚している事実とは異なっているという認識が必要だと考えられる（図4-1）。したがって、エキスパートは、認知症の中核症状とはどのような症状なのかを理解し、その場面を想像しつつ、認知症者が置かれている状況に自分を置いて、中核症状をもちながら生活している人になりきり、どのような思いで認知症者が混乱しているのかをシミュレーションするのだろう。そして、この現実と認知のズレを理解するには、トレーニングも必要になってくるのではないかと考える。

　安井理夫（2009：19）は「人間は、必ずしも科学的・客観的な事実に基づいて生活しているわけではなく、自分が事実だと思っていることがらにしたがって生きている。そのため支援者には、認知症者が見たり感じたりしているとおりに共感できる能力が求められる。『正しいこと』だと理解できても『納得できない』ということは日常では珍しくない」（引用中の利用者を認知症者に筆者変更）と述べている。つまり、認知症者の経験は、「本人のそれ以上に妥当、客観的、あるいは真実であることはない。本人こそが真実である（ガーリー・ヨンテフ（Y, Gary）／岡田法悦監訳 2015：42）」ということであり、**認知症者のフェルト・センスの共感的理解は、認知症者の置かれているありのままを理解しようとする試みであるということができる。**

　秋山（1980：16）は「危機介入の実践上の価値として、危機に陥っている人

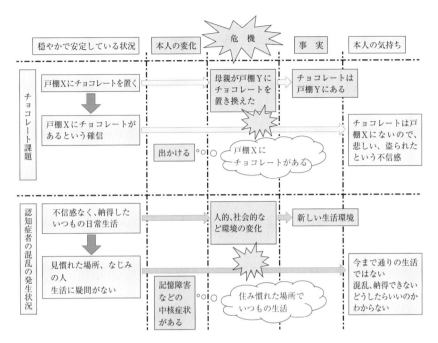

図4-1　「誤信念課題」の考え方と認知症者の混乱の発生

の周囲の“意味のある”人々の積極的な介入が、対処に大きな役割を果たす」
（“”筆者加筆）と述べ、ラポポート・L（Rapoport, L）、パラド・H（Parad,
H）、アギュララなども危機介入における人間関係の樹立を示唆している（秋
山 1980：16）。この“意味ある人”とは危機を引き起こしているできごとを明
確に理解できる人を指すと考えられる。

　危機介入の実践は、危機的状況にある認知症者にとって“意味ある人”にな
る必要がある。フェルト・センスの共感的理解とは、相手をこのように理解し
ているという「純粋な問いかけ（池見 1995：56）」が、認知症者の実感と一致
する、もしくは近づくときに可能になるのだと考える。認知症者が危機に陥っ
て混乱しているときに、エキスパートが実践する認知症者のフェルト・センス
に対する共感的理解は、認知症者に焦点を当て、中核症状による生活のしづら

さが常にあることを理解し、その生活のしづらさをシミュレーションすることで可能となるだろう。

　しかし、人はだれもそれぞれの人生を生きているのであり、当然のことながら認知症者のすべてに成り代わることはできない。しかし、人がつらい感情を抱いているときに必要とする支援とは、まったく同じ感情を吐露している者が、そばにいることではないと思われる。**認知症者は今の"自分をわかってくれる"人に出会いたいのであって、支援者にも、同じつらさを経験して欲しいというわけではないと考える。つまり、支援者は、認知症者が"自分をわかってくれる"と思える人になれるようにかかわることが必要である。そしてこの、"自分のことをわかってくれる人"こそ、認知症者にとっての"意味ある人"ということができるのではないだろうか。**

　相手を理解しているようなふりをして、言葉だけで「つらいですね。わかります」と繰り返すことは簡単だが、認知症者に"わかってもらえた"という気持ちが芽生えるとは考えられない。認知症者が求めている支援は、「この人は、今の自分の危機的状態をなんとかしたいと思ってくれているのだな」といった、認知症者に実感が伴うかかわりなのだと思われる。

　エキスパートのプロセスレコードの中には"認知症者にとって「今の自分をわかってくれる人」になった瞬間はここだ"と思える一言がどの場面にもあった。事例1では、「1-㉑　他の利用者の中を通り抜ける際に、レクリエーションをしている他の職員に小声で『あなたのところ座れる？』（Aさんの通り際、即座に他の職員が歩いているAさんに）『ここ空いてますからどうぞ』」と他の職員と連携し、認知症者の気持ちを落ち着かせた場面や、事例2の「2-⑱　顔の表情が緩んで、まんざらでもない顔を確認してから、手を繋ぎフロアを歩き出す」、事例3は「3-⑯　Cさんは、脱水起こして入院されたんです。退院して、ここに来られて、私自身Cさんに出会ったことがなにかの縁だし、Cさんのことが心配なんです。脱水になられることが心配なんです」と、支援者の気持ちを認知症者に訴える場面。事例4の「4-⑥　うまいことできんかったり、周りのことがわからへんから怒ってると思うんやけど、そのことは、も

うどうしようもできんのや」「4-⑨　もううまいことできんようになってしまったことはわかってる。わかってるから、しんどいときは私らにいって欲しいんや、いつでも助けるし…」、事例5は「5-⑥　Eさんも頑張ってきたけど、今、忘れることがあったり、うまくいかないことが増えていってるやろ？それは、病気でなってしまっているんやし、それを放っておくのは家族も心配やし、いつも見守りがあるここにいた方がいいんじゃないかということになったんや。Eさんは忘れているかもしれんけど、その時々でEさんには説明して進めてきたことなんやで。Eさんも不安かもしれんけど、一緒にやっていかへん？」、事例6の「6-⑱　さするでもなく、身体に触れるでもなく、Fさんの手の近くに私の手を置いた」などの、認知症者が“この人はわかってくれている”と思える一言や行動の投げかけがあった。

　パーソン・センタード・ケアの理念は、ロジャーズの考え方を認知症ケアに取り入れたことは前述した。そして、ロジャーズおよび共同研究者であるジェンドリンも、対人援助において「（セラピストとクライエントの）関係性をなによりも重視している（河崎 2015：103）」そして、ジェンドリンの考えを推進している河崎（2015：104）は、フォーカシングにおける、クライエントの体験過程の促進的応答に関する影響について「認知症者が話していることを、支援者はどう感じているだろうかと自分自身を振り返りながら理解を浮かびあがらせているのである」と述べ、また、クーパー・M（Cooper, M）、イケミは「認知症者と支援者は『縺れ合って』おり、どちらがどちらとはいえない相互主観となっている。故に、支援者の感じをいい表すことは、認知症者をいい表すことに他ならない（河崎 2015：106）」（引用中のクライエントを「認知症者」、セラピストを「支援者」に筆者変更）と説明している。この説明からも、エキスパートが示す成功だと考えられるかかわりとは、認知症者と支援者が相互に作用していると考えられる。

　しかし、ジェンドリンのフォーカシングは、認知機能が障害されていないクライエントを対象に用いる方法であり、セラピストの適切な言葉がけによって、クライエント自身がフェルト・センスを明らかにしていくのに対し、本研

究では、疾患によって自身が単独でフェルト・センスを明確にすることが難しい認知症者を対象にしている。したがって、認知症者が抱くと考えられるなんともいえないつらい感情（フェルト・センス）である認知症者の体験している実感を、エキスパートは、ありのままに把握することで“自分のことをわかってくれる人”（＝“意味ある人”）となり、フェルト・センスの共感的理解を実践しているのだろう。エキスパートのかかわりは、認知症者と共に危機をのりこえようとする姿が特徴であった。

2．危機の状況にある認知症者とかかわる際のゴール設定

　エキスパートは、認知症者が危機的状態にあるとき、なんともいえないつらい感情（フェルト・センス）を、認知症者が見たり感じたりしているとおりに共感し、認知症者の経験を先入観なく、ありのままに解釈、共感しながらかかわっていると理解できた。

　次に、前述の先行文献である加藤（2007　2008　2009）の、研究課題であったエキスパートが成功体験と判断した具体的な内容、つまり、認知症者とかかわったときに、認知症者がどのような状態に変化することが、かかわりが成功したと考え対応のゴールとするのか、そのエキスパートの実践の共通した特徴から整理する。

　筆者は、認知症者と直接かかわっている支援者を研究協力者とし、「認知症者との適切なかわりとは、認知症者の状態がどのように変化することだと考えているか」について調査した。この調査結果とエキスパートの実践を比較し、具体的な「成功したと考えるかかわり」について考えてみる。

（1）一般的な支援者の考える認知症者の良好な変化

　ＷＡＭ－ＮＥＴからランダムに選択したグループホームで、実際に認知症者とかかわっている支援者に「あなたが適切にかかわることで、認知症者がどのように変化してほしいですか」という質問の回答を、自由記載で郵送により求

表4-3　支援者のかかわりで認知症者がどう変化してほしいか

n=1,435

テクスト	比率
ほっと安心してほしい	27%
穏やか、リラックスしてほしい	25%
笑顔でいてほしい	15%
楽しくいてほしい	10%
自信をもってほしい	5%
自分らしく、自分表出してほしい	5%
居心地のよい居場所を感じてほしい	2%
家のように、いつものようにいてほしい	2%
前向き、向上心をもってほしい	1%
役割、能力を発揮してほしい	1%
その他	7%

め、有効回答である1,435テクストから、類似した内容をカテゴリー化し表を作成した（窪内敏子 2016　関西福祉科学大学研究倫理審査申請　承認番号13-57））（表4-3）。分類したカテゴリーから≪安心してほしい、ほっとしてほしい≫や≪穏やか、リラックスしてほしい≫≪自信をもってほしい≫≪居心地のよい居場所を感じてほしい≫などの、表面に現れにくい変化を期待している回答があった。また、≪笑顔でいてほしい≫≪楽しくいてほしい≫といった認知症者の表情に現れる変化を確認することで、適切にかかわれたと感じている支援者が合わせて25％いた。

（2）エキスパートが、かかわりのゴールとして設定した認知症者の状態

　本研究でとりあげたプロセスレコードは、いずれも認知症者が危機状態に陥っている状態のときにエキスパートがかかわり、情緒の均衡を取り戻す場面だった。そして、**エキスパートが考える認知症者が情緒の均衡を取り戻した状態とは、認知症者の表面に現れている危機に陥っている表情などが消失してしまうことではなく、認知症者自らの力で、危機をのりこえられる状態になった**

ときを見極めているようであり、エキスパートは、認知症者自らの力の発揮、もしくは、日常で発揮していた力が戻ってくるように、かかわる方法や言葉がけを選択しているように思われた。

アギュララ、メズイック（小松ら訳 1978：24）は、危機介入の目標を「個人が危機以前の機能遂行のレベルへ回復していけるようにする」ことに置いている。プロセスレコードの事例3は「無言」、事例4は「涙ぐむ」、事例5は「黙り込む」など、エキスパートたちは、必ずしも認知症者の危機に介入したときのゴールを認知症者の笑顔や快適さなどとしておらず、認知症者のもてる力を評価し認知症者自身で望ましい状態に行きつけるように、力の回復を見定めて決定しているような場面を見ることができた。

池見（1995：102）は、フォーカシングで EXP スケール段階6に至ったクライエントについて「身体はリラックスする。たとえ嫌なことに気づいたとしても、身体はリラックスするのである」「自分を束縛していたなにかがほぐれていくように、涙も頬をこぼれていく」と述べ、この段階に至ったときに感じる"実感"を、相手が（笑顔や安心以外でも）なんらかで現わしたときが「その人にとって、もっとも妥当な方向であり『成長の道標』となるもの（池見1995：70)」と説明している。

また、プロセスレコードの事例4の「伝えても混乱は収まらないかもしれないけれど、それは、一緒に悩めばいいし、それが専門職の仕事だと思う」、事例5の「（病的な記憶障害があることを）告げることは、本人を傷つけるのではないかと、その場限りの対応で片づけられている現状があるが、その方が、失礼なことではないかと考えるようになった。いろいろな転機をのりこえてきた人なので、自分に起こっている状況を知ることの方が大切でのりこえることのお手伝いや、共にそこにいることが本来のケアだと思う」といった対応は、たとえそのときにエキスパートが選択したかかわりによって、危機的状態にある認知症者がうまくゴールに向かえなくても、そのときに選択したかかわりが相手にとっても、また、エキスパート自身にとっても、そのときの最善であると納得し、これからも認知症者と共に危機をのりこえようとしていた。そのた

めには、エキスパート自身の対応方法もその場限りのものではなく、認知症者の日常における力や性格などを踏まえつつ、深く考え選択したかかわりを実践すべきだという考えを示していた。

（3）一般的な支援者とエキスパートの認知症者に対するかかわりの比較

　村上浩章（2011：198）は、筆者と同様の目的で「ケアサービスを行うことに対して期待する効果」についてアンケート調査を行っている。その結果も（1）と同様、「落ち着いた状態になってほしい」が最も多かった。BPSDは、前述のように、認知症疾患により脳が障害された状態で日常生活のできごとに対応することで、スムーズに生活ができず混乱し認知症者個人ではうまく解決できない危機的な状態である。ソーシャルワークの危機理論を提唱する理論家たちは、危機的な状態にある認知症者が、自分自身でその危機に対処できるまでアプローチすることが必要であると述べている。そして、エキスパートもまた、ソーシャルワークの危機理論に則った考えでかかわっていた。つまり、BPSDに対するかかわりは認知症者自身で危機の対処ができるようになれば、ゴールだと考えるのが妥当だろう。

　危機的な状態に陥っている認知症者本人は、うまくできないことに落胆し、情緒の不均衡などから非常に不安定な状態にある。このような状態が、真に≪安心≫≪穏やか≫≪リラックス≫などに変化することで、認知症者自らが危機に立ち向かえるようになるだろう。しかし、笑顔や楽しそうな振る舞いが表面に現れているだけで、本当に危機状況にある認知症者が、自らの力で危機をのりこえられたと考えていいのだろうか。

　荒木正平（2007：9）は、支援者の置かれている現場の状況を踏まえつつ「一面的に否定することはできない」という前置きのもと、「認知症者とのかかわりのほとんどが、支援者主導の形でゴール地点（妥協点）が設定され、その選択基準は支援者サイドの都合であることが圧倒的に多い」と述べている。また、石橋潔（2011：2-3)の施設系介護職員のバーンアウトを阻害するためのアンケート調査では、「利用者の笑顔に喜びを感じる」という設問に高い回答

が得られている。認知症者のうまく危機がのりこえられたときの表情のひとつには、笑顔があるかもしれないが、どうしようもなく不安定な BPSD の状態から抜け出せたとき、ときには、その安心感から涙したり、寡黙になることもあると思われる。逆に、危機状態ののりこえが十分できていなくても、支援者のかかわりに一瞬気が紛れて笑顔になることもあるだろう。そのようなときに支援者の安堵の気持ちが優先され、認知症者の危機が回避されたか否かの見極めから離れ、支援者側の気分（都合）で、認知症者の BPSD が穏やかになったと判断してしまうことがあると考えられる。

　出口泰靖（2004：165、180）は、認知症者に与える精神的ダメージを最小限にするため、認知症状に気づいている周囲の者が、まるで本人は認知症ではないように振る舞う文脈を作り出すことを「パッシング」と称し、介護や医療の現場で「自明の善」として用いられていると述べている。前述の荒木（2007：9-10）の文献内の事例で、「なぜここにいなければいけないのか」という認知症者の問いに、「明日迎えがある」とごまかすことで訴えが収まり、この方法がルーティーン化していくようすが記載され、「（こういった流れは）決まりきった型を繰り返し、なぞるだけの閉鎖的な言説実践に収束する」と説明されていた。そして、この認知症者の訴えは身体の不調やそのときの気分の変動などさまざまな意味をなしているものであったが、「その意味が検討されることは稀であり『帰宅願望』としてひとくくりに処理されていた」とも述べられていた。筆者および村上（2011：198）の研究結果は、認知症者の BPSD による混乱を「笑顔の表出」や、「楽しそうな状況」を見ることで、うまくかかわれたと考えている支援者が少なからず存在した。その中には、危機に陥っているそのときの認知症者の感情をごまかし気分をそらすことを、BPSD の対応と考えていることがあるかもしれない。しかし、**危機状態にある認知症者へのかかわりについて、認知症者本人側に立ち、本当に危機回避できているのかどうかについて、支援者自身の常識を超えた、多角的な視点から検討を重ねることが重要ではないだろうか。ある場面が、そのときはパッシング・ケアであったとしても、ごまかす、だますことがルーティーン・ワークにならないように、定**

期的に場面をフィードバックすることは、危機状態に陥っている認知症者への対応に必要なことである。

　河崎（2015：104）は、「フェルト・センスは『振り返って観る』行為の中でたちあらわれる。つまり、クライエント（認知症者）が話していることをセラピスト（支援者）はどう感じているだろうかと自分自身（支援者自身）を振り返りながら理解を浮かび上がらせているのである。」（（　）内は筆者追記）と述べている。

　研究協力者であるエキスパートたちが、成功体験（認知症者本人側に立ち、納得してかかわりのゴールを設定したとき）だと考えているのは、認知症者が陥った危機により混乱した表情や行動が消失するようにかかわるのではなく、認知症者が自らの力でのりこえられる状態になったと考えるときであった。認知症者自らの力で、危機をのりこえられる状態になったと見極めるには、エキスパートのプロセスレコードを参考にしても、かかわる方法をかなり熟考して選択していることが理解できる。そして、エキスパートが選択したかかわりによって、危機的状態にある認知症者がうまくゴールに向かえなくても、これからも継続して共に危機をのりこえようとする姿勢をつくることや、支援者自身が認知症者を中心に考えたかかわりを継続して提供することが重要だといえる。認知症者とのかかわりを支援者だれもが検討でき、かつ継続させるためには、なるべくかかわりがわかりやすく、簡便である必要があると考える。そして、定期的に認知症者とのかかわりを振り返り、認知症者自身が危機回避できるように対応しているか否かの評価を積み重ねていくことが必要となるだろう。

3．認知症者にとって意味ある支援者になるために

（1）認知症者が自身で危機回避できるようになることの意味

　BPSD が発生している認知症者は、主体的に生きる力を喪失し自分ではどう

していいかわからない状態にあると考えられ、村上（2011：200）は「耐えられないストレスによって自分らしささえ失った状態がうかがえる。再度生きていく希望（条件）の獲得がなされなければ、その人らしさや、安定を取り戻すことはできない」と述べている。

　フランクル（霜山訳 1985：179）は「未来や目的は生存理由に密接に繋がっており、それが消失してしまうと生きる意味を失ってしまう。このような状態に陥ってしまうと、あらゆる励ましの言葉に反対し、慰めも拒絶し、人生から期待すべきなにものももっていないと感じるようになってしまう」と述べている。つまり、BPSDを心身の極限状態だとすると認知症者への対応は、うわべだけのかかわりではなく、認知症者が納得できるような説明と対応がなければ、認知症者自身の力の発揮による危機ののりこえができない。すなわち、危機回避ができず長く不安定であるいうことがいえる。

　パウル・ティリッヒ（Tillich, P 著／大木英夫訳 1978：136-137）も、相互的なかかわりにおいて（a）主体的参与（participation）に対する責任性と、（b）そのような参与によって互いがともに変化し、その中で新しい危機回避の方法を共有していくような関係性やプロセスがあることを説明している。

（2）適切な危機回避と新しい関係の樹立

　齋藤繁（2009：23）は、「危機の対処が自力では叶わないとき、だれが、どのように危機介入するかが問われてくる」と述べている。たとえば、単なる親切心や同情などからの危機介入は、お節介や干渉行為になってしまう可能性がある。これまでの結論からも、適切な危機介入アプローチとは、認知症者本人の思いに共感しつつ、認知症者本人が納得できるようにかかわることができる人の介入が求められているのだと考えられる。それでは、認知症者本人の納得できるかかわりとは、どのような実践であるのかを考えていきたい。

　フランシス J. ターナーら（Turner, F. J 他／米本秀仁監訳 1999：264）は「危機は、災害等の予期できないものを除けば、対人関係の中で起こることがもっとも多い。したがって、危機からの回復も人間関係の中で行われることに

なる」と説明している。**支援者は、認知症者自身が危機から脱し、自らで均衡を保てるようなるまで孤独にせず支援することが必要である。**中核症状から発生する認知症者の生活のしづらさは、現段階ではなくすことはできない。しかし、このような危機理論を踏まえて認知症者にかかわることで、支援者は認知症者にとって "意味ある人" として両者の人間関係は築けるのではないだろうか。

　ラポポートは、危機アプローチを「（認知症者に）混乱した感情、罪悪感、喪失感、無力感などを抑圧することなく表現させ、（エキスパートが）受容し、更に人間関係を用いることで（認知症者は）安心感や必要な満足感を得る」（（　）内筆者追記）。すなわち**危機介入とは「新しい人間関係樹立のための援助である（秋山 1980：11）**と述べている。危機（crisis）という言葉の語源は、ギリシャ語の「カイロス」という言葉に由来し、神との出会いや運命のときを意味するものだといわれている。危機という日本語も「危」はあぶない、不安定、険しい、などといった意味だが、「機」は時機、機会などの用い方をし、転換期としての意味がある。危機には「岐路」、「分かれ目」といった意味が含まれておりすべてが悪い状態ではなく、良い方向に向かう出発点にもなるといった考え方ができる。

　ラポポートは、「危機に陥っている本人も、自己の問題を現実として理解できるよう働きかける必要がある（秋山 1980：16）」と述べている。そして、パラドやゴラン・N（Golan, N）は、「危機アプローチによって適切な対処がなされれば、支援される側本人に新しい自我が生まれ、その後は自身で効果的に対処することが可能になる（秋山 1980：15)」と記述している。

（3）認知症者の BPSD を危機と捉えかかわることの有効性

　秋山（1980：12-13）は、危機の対処方法を以下のように述べている（クライエントを危機回避したい人＝「認知症者」、セラピストを危機回避したい人を支援する人＝「支援者」と想定し筆者が変更）。

①　直ちに危機状態事態に焦点をあて、その状況、問題点を明らかにする。

（支援者の問題把握）

② 危機に伴う認知症者の情緒反応が、どのようなものかを冷静に観察し、感情が自由に表現できるように努める。（認知症者の表現の自由、支援者の状況認識）

③ 認知症者と危機に伴う問題、および危機状況（特に喪失感、恐れ、不安）について語り合う。（支援者と認知症者に対する理解）

④ 客観的に且つ現実的に問題を認識できるように援助し、過去に学習した対処機制が適切でないことを示す。（認知症者の問題の現実的認識）

⑤ 認知症者にとって現在なにが必要か、現在なにをなすべきかを明らかにし、認知症者に伝える。（新しい対処機制の導入）

⑥ 具体的な時間制限的治療活動に入る。たとえば意味ある第三者や家族員等の援助参加、外部機関の利用、または、支援者の直接的アドバイスを行う。

この、危機の対処方法のプロセスもまた、ジェンドリンの EXP スケールに類似しているように思われる。BPSD が発生している認知症者とかかわる場合、この危機への対処方法③の段階で「フェルト・センスの共感的理解」が始まると考えられる。この「フェルト・センスの共感的理解」を支援者のだれもが実践できることが、パーソン・センタード・ケアの理念の実践といえるのではないかと考える。

認知症は「感情に働きかける疾患である（川村光毅 2007：820、笠間睦 2013、長尾和宏 2013)」といわれている。だが、認知症者の周囲の人は「手のかかる厄介者」というように、意識的にも本人を敬遠し、本人は、疎外感、孤立感に苛まれる（松田実 2010：20-21)。このように、認知症者は、周囲の対応から認識を敏感に察知し、つらさを理解してもらえないだろうと孤立してしまうことになる。

認知症ケアについて室伏（2008：26）は、「認知症ケアの原則」とは「理屈による説得よりも、気持ちが通じて心でわかるような共感的理解をはかる」ことだと述べている。**支援者が、認知症者の感情は敏感に働いているからこそ、**

日常のできごとにうまく対応できなくなってつらいと痛感しているのだということに気づくことが、認知症者のフェルト・センスの共感的理解に至る上での第一歩となるのではないだろうか。

【引用・参考文献】

秋山薊二（1980）「危機介入に於ける価値」『弘前学院大学紀要』第17号、1-19頁

荒木正平（2007）「認知症高齢者は語ることができるか―「語りの場」としてのグループホームへ―」『文化環境研究』第 1 巻、4-14頁

出口泰靖（2004）「「呆け」たら私はどうなるのか？何を思うのか？」山田富秋編『老いと障害の質的社会学』世界思想社、165、180頁

Donna C.Aguilera & Janice M.Messick（1978）『危機療法の理論と実際』小松源助、荒川義子訳、川島書店、7、24、29頁

Francis J. Turner 他（1999）『ソーシャルワーク・トリートメント：相互連結理論アプローチ（上）』米本秀仁監訳、中央法規出版、264頁

Gary Yontf（2015）「ゲシュタルトセラピーの理論と実践における関係の姿勢について」岡田法悦監訳、三輪知子翻訳『ゲシュタルト療法研究』第 5 号、41-51頁

本間昭、木之下徹監修、松田実ほか著（2010）『認知症 BPSD ～その理解と対応の考え方～』日本医事新報社、20-21頁

Howard Kirschenbaum, Valerie Land Henderson（2001）『ロジャーズ選書（上）―カウンセラーなら一度は読んでおきたい厳選33論文』伊藤博、村山正治監訳、誠信書房、474頁

池見陽（1995）『心のメッセージを聴く　実感が語る心理学』講談社、56、70、102頁

池見陽（1997）『フォーカシングへの誘い―個人的成長と臨床に生かす「心の実感」』サイエンス社、15頁

池見陽（1997）「セラピーとしてのフォーカシング―三つのアプローチの検討」『心理臨床学研究』第15巻第 1 号、13-23頁

池見陽（2010）『僕のフォーカシング＝カウンセリング―ひとときの生を言い表す―』創元社、54、70頁

石橋潔（2011）「介護労働における表情相互作用の計量的分析―笑顔に喜びを感じる」『久留米大学文学部紀要情報社会学科編』第 6 号、1-13頁

笠間睦（2013）「認知症は感情がより敏感」『朝日新聞の医療サイトアピタル』http://apital.asahi.com/article/kasama/2013060500008.html（閲覧日2013-10-31）

加藤伸司代表研究者（2007）「認知症における標準的なケアモデルの構築に関する研究」『平成18年厚生労働省科学研究補助金長寿科学総合研究事業報告書』

加藤伸司代表研究者（2008）「認知症における標準的なケアモデルの構築に関する研究」『平

　　成19年厚生労働省科学研究補助金長寿科学総合研究事業報告書』

加藤伸司代表研究者（2009）「認知症における標準的なケアモデルの構築に関する研究」『平
　　成20年厚生労働省科学研究補助金長寿科学総合研究事業報告書』

川村光毅（2007）「扁桃体の構成と機能」『臨牀精神医学』第36号、817-828頁

河崎俊博（2015）「相互リフレキシブな営みと『からだ』」『臨床心理専門職大学院紀要』第
　　5号、101-108頁

村上浩章（2011）「認知症の人が抱くストレスとその緩和ケア」『地域政策科学研究』第8巻、
　　191-209頁

室伏君士（2008）「認知症高齢者に対するメンタルケア」『老年精神医学雑誌』第19巻創刊号
　　―Ⅰ、21-27頁

長尾和宏（2013）「右脳と五感に働きかけるケアを」『朝日新聞の医療サイトアピタル』
　　http://apital.asahi.com/article/nagao/2013080700014.html（閲覧日2014-10-31）

P. Tillich（1978）『「生きる勇気」ティリッヒ著作集第9巻存在と意味』大木英夫訳、白水社、
　　136-137頁

齋藤繁（2009）「危機介入におけるコミュニケーション」『弘前学院大学社会福祉学部研究紀要』
　　第9号、21-27頁

嶋田弘人（2011）「カウンセリングにおける reflection の援助的効果についての研究」『和歌
　　山県教育センター学びの丘研究紀要』、48-58頁

Viktor Emil Frankl（1985）『夜と霧―ドイツ強制収容所の体験記録―』霜山徳爾訳、みすず
　　書房、179、183頁

Wimmer, H. Perner, J. (1983) Beliefs about beliefs –representation and constraining function
　　of wrong beliefs in young children`s understanding of deception. *Cognition*, Vol.13,
　　pp.103-128.

安井理夫（2009）『実存的・科学的ソーシャルワーク エコシステム構想にもとづく支援技術』
　　明石書店、19頁

第5章

パーソン・センタードな実践をするための方法

　認知症者は、認知症に罹患する以前までは無意識にのりこえてきた日常生活の中で起こる些細な危機を、疾患によってのりこえることが難しくなっている、または、のりこえるための方法の選択ができにくくなっている。このように認知症者が危機状態にあるときに、支援者が認知症者にとって "意味ある人" として関係を築くためには、認知症であるがための不安やつらさに気づくことが必要であり、このことが、パーソン・センタード・ケアの理念を実践に結びつけることにつながることを前章で述べた。

　本章では、エキスパートが認知症者のどのような情報から、どのように認知症者の危機を判断しているのかを分析し、その結果から、支援者だれもが、認知症者の危機を共感的に理解し適切に対応できるよう、認知症者の危機を可視化する方法を提案する。

1．認知症者の危機を捉えるための方法の一案

（1）エキスパートの実践を科学的に示す必要性

　危機的アプローチ、すなわち認知症者の中核症状が原因で発生する BPSD の対応について、齋藤（2009：23）は、人への尊厳を保ちつつも、「危機の内容を科学的に理解し、科学的方法を用いて対応すべきだ」と述べている。長谷川（2002：39）は、認知症ケアは『理にかなったケア』を行うことだと示し、室伏（1985：50-51）は、認知症者の対応について、相手を説得するよりも納得するように説明する、いわゆる「説得より納得」という原則を推進した。つまり、BPSD を呈している認知症者に、支援者だれもが適切にかかわれるよう

になるためには、「勘」と「経験」によるエキスパートの実践を、科学的に簡便に示し、実践に移せるように提示することが必要だと考える。

　認知症者のBPSDは、さまざまな原因により日常的に発生する、その些細なできごとが、認知症者に与える影響や意味を、妥当性をもって理解し対応することが求められるだろう。

　発生しているBPSDの意味を科学的に理解するためには、認知症者のありのままを理解することが必要であると前述した。太田義弘、野沢正子、中村佐織（2004：213）は「支援者の勘や経験という属人的能力のみに依存するのではなく、本人の現実を認識すること、科学化された支援方法が必要である」と述べている。安井（2009：51）は、支援者のかかわりを「科学的に言語化もしくは可視化することで、勘と経験に終わってしまいがちな支援者の実践が、普遍化につながる」可能性を主張している（図5-1、図5-2）。

　小澤（2002：25）は認知症者のBPSDの発生について、「疾患による認知の減退と感情反応の保持との乖離、危機状況の認知とそこから離脱する行為の発見困難という乖離などのギャップによって、認知症者自身で、主体的に日常の危機を乗り越えていく力を奪われていることが原因」しており、**BPSDの対応は、「認知症者の身の丈にあった、新たな生き方を見出す過程に同道することにほかならない」**と述べている。

　エキスパートたちの認知症者とのかかわりを分析した研究結果を活用して、**支援者のだれもが、パーソン・センタード・ケアの理念を踏まえた実践を可能にするためには、まず、認知症者が認知症疾患に罹患したことによって発生した個別的な生活のしづらさの可視化、いわゆる危機の可視化を行い、認知症者のつらさを視覚に訴え、どの支援者にもわかりやすく示すことから始めるのがよいと考える。**

（2）エキスパートが認知症者の対応方法を決定する基準

　認知症者がBPSDを呈しているとき、エキスパートは、認知症者を本人のありのままで捉えかかわることで、フェルト・センスを共通理解し危機を把握

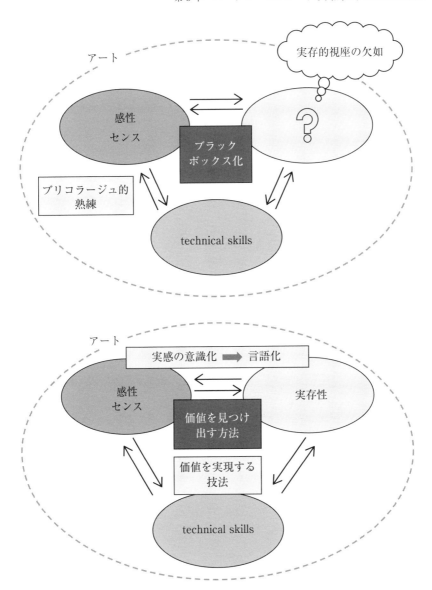

図5-1　技術のブラックボックス化と実存性にかかわる技術の意義
出典：太田義弘編著（2009）『ソーシャルワーク実践と支援科学』相川書房、安井理
　　　夫（2006）52頁

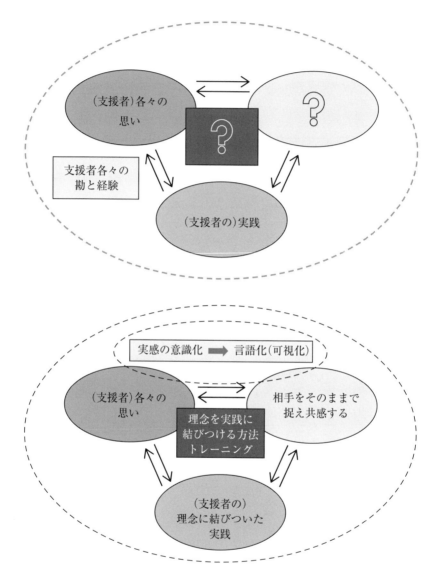

図5-2　勘と経験を科学的実践にするための提示
＊図5-1を参考に筆者作成

しようとしていた。そして、認知症者本人が危機をのりこえることができる状態になった（フェルト・シフトした）と判断した時点で、かかわりを終了しているという結論を得た。

エキスパートは、認知症者が認知症疾患に罹患したことによって発生した現実とのギャップを認知症者の立場になって理解しようと考えながらかかわり（フェルト・センスの共通的理解）、認知症者の立場から対応する行動や言葉がけを選択し、認知症者にとって“意味ある人”として関係を構築していた。

エキスパートたちのプロセスレコードで「私の言動・行動」は少ないながら、「私が考えたこと、感じたこと」は非常に多かったのは、認知症者の危機状態に至るさまざまな要因を認知症者側から熟考し、認知症者自身で危機をのりこえられるようにかかわることで、ゴールの形をさぐろうとしていたからであろう。

フレデリック・S・パールズ（Perls, F. S）が提唱した「ゲシュタルト療法」は、「人間は、外部の世界をバラバラな寄せ集めとして認識するのではなく、意味のあるひとつのまとまった全体像（ゲシュタルト）として構成し認識する。一人ひとりの経験は、多くの要因が関係しながら、そのときの関心のありようによって、寄せ集められ意味をもつ知覚に構成される（パールズ／倉戸ヨシヤ監訳 1990：15-16)」という理念である。ゲシュタルトとは『全体のかたち』を意味するドイツ語であり（国谷誠朗 1987：585)、ゲシュタルト療法は、「今―ここ」中心のセラピーといわれている（国谷 1987：586)。そして、「今―ここ」での一瞬を強く意識し「気づく」ことの重要性を指摘し、「気づきは問題解決の第一歩、気づきがなければなにも始まらない（前田茂則 2015：26)」と述べている。

エキスパートが、フェルト・センスを共感的に理解し、ゴールの設定を判断する基準となる材料の選択をゲシュタルト療法に依って考えると、エキスパートたちは、認知症者の一瞬を強く意識しながらかかわり、「今―ここ」の危機によって表出された状態は、認知症者個々にある多くのさまざまな要因が関係していることを理解しているといえるだろう。山竹伸二（2010：35）は「ゲ

シュタルト療法」を「ありのままの自分を探す作業」と説明し、パールズ（倉戸ら訳 1990：133）も、「新しい自己の表出」と述べている。そこで本研究のプロセスレコードからエキスパートたちは、どのような認知症者の一瞬の状態に気づき、情報を寄せ集め、認知症者の危機を捉えているのかを知るため、エキスパートたちの考えをまとめることにした。

　プロセスレコードの「私が考えたこと、感じたこと」から、認知症者のフェルト・センスを共感的に理解しようとしている考えを取り出し、類似した内容のデータをカテゴリー化し表を作成した（表5-1、表5-2）。

　以下、表5-1、5-2の説明においては、カテゴリーを［　］、中カテゴリーを【　】、小カテゴリーを＜　＞を用いて行う。

　この表から、エキスパートたちは認知症になるまでの認知症者の情報によって、たとえ認知症に罹患していても、その人の性格や好みなどは変わらないことを念頭に置き、認知症者が納得すると考えられるかかわりを選択していた。また、相手の認知症になってからの生活のしづらさ、日常生活の些細なできごとでも、危機に至る状態であることを理解してかかわろうとしていた。

　表5-1の内容は、［認知症になるまでのその人なり］で、エキスパートは相手を個別的に理解しようと考えており、①＜物事の考え方＞＜行動の動向＞＜プライド＞＜なにを大切にしてきたか＞といった【今までの自分】、②＜１日の過ごし方＞＜趣味＞＜身体状況＞＜経済状況＞といった【今までの生活】、③＜成功体験＞＜挫折や失意の体験ののりこえ方＞＜どんな時代を生きてきたか＞＜心残り＞といった【今までの生き方】、④＜礼儀や接遇＞＜家族関係や家族内の役割、立場＞＜社会的立場、仕事や地域活動＞＜友人関係＞といった【今までの社会性】によって構成される。

　表5-2の内容は、［認知症になってからの生活のしづらさ］で、①＜今の物事の考え方＞＜自尊心をもてているか＞＜なにを大切にしているか＞＜大切なものとかかわりがもてているか＞といった【今の自分】、②＜身体状況＞＜医療や介護についての考え方＞＜体調＞＜１日の過ごし方＞といった【今の生活】、③＜今の生活についての満足を感じさせる言葉＞＜今の生活についての満足を

表5-1　エキスパートが認知症者のフェルト・センスを共感的理解しようとしている考え①

カテゴリー	中カテゴリー	小カテゴリー	テクスト
認知症になるまでのその人となり	【今までの自分】どんなとき、どう考えどう行動していたか	・物事の考え方…自罰的または他罰的　自立または依存	1-⑤おとなしい人
		・行動の傾向	4-⑪発言から勉強になったり〝なるほど〟と思ったり助けられたりすることが多い
		・プライド…どんな自尊心をもっているか　自信の源泉は何か	3命令口調に聞こえたかもしれない
		・何を大切にしていたか	2-⑭身だしなみとかお化粧をほめると気分がよい方向に変化する
	【今までの生活】普段はどう過ごしてきたか	・1日の過ごし方、癖、習慣	3-⑮ひとり暮らしでなんでもやってこられて
		・趣味	1-㉒私コーヒー好きよ
		・身体状況…健康または病気がち	3-⑨脱水をおこした経験もあるし…
		・経済状況	5-③都会の一等地でお店を続けるって並大抵じゃなかったんやろね
	【今までの生き方】できごとにどう取り組もうとしていたか	・成功体験	5-②頑張ってきたことを伝えないといけない
		・挫折や失意の体験の乗り越え方	5-⑤人生の大きな転機をのりこえた
		・どんな時代を生きてきたか…生きてきた時代の風潮　その時代の考え方	5-⑤人生の大きな転機をのりこえた
		・心残り…やり残したこと　やりたくてもできなかったこと	5-④私みたいな人間はね落ち込んだらとことん落ち込んでしまうのよ
	【今までの社会性】他者とどんな関係を築いてきたか	・礼儀や接遇	6-⑰べたべたされるのは嫌い
		・家族関係や家族内での役割、立場	5-③都会の一等地でお店を続けるって並大抵じゃなかったんやろね
		・社会的立場、仕事や地域活動	5-③相談に乗ってもらって助かった人もおられるんやろね
		・友人関係	6自分にも他人にも厳しい

表5-2　エキスパートが認知症者のフェルト・センスを共感的理解しようとしている
　　　考え②

カテゴリー	中カテゴリー	小カテゴリー	テクスト
認知症になってからの生活のしづらさ	【今の自分】 どんな時どう考えどう行動しているか	・今の物事の考え方…自罰的または他罰的 自立または依存	5-②孤独や喪失感があるんだなぁ
		・自尊心をもてているか 自信の源泉となるものがあるか	1-⑭価値のない人間になってしまうと思ってほしくない
		・今、何を大切にしているか	
		・大切なものとの関わりもてているか	1-⑭荷物を見せて安心してもらって
	【今の生活】 今どのように過ごしているか	・身体状況…健康または病気がち	6-②寝たり起きたりは体力が奪われる
		・医療や介護についての考え方は好意的か拒否的か	3-⑮なかなかここのスタッフを信じることができんのかな
		・そのときの体調…痛み、かゆみ、空腹、発熱など	1-②寒いんかな
		・1日の過ごし方	5-⑤訳がわからないまま終わってしまう
	【これからの生き方】 現状にどう取り組もうとしているか	・今の生活についての満足を感じさせることば	4-⑭まだまだいっぱいいいところがあると思ってほしい
		・今の生活についての満足を感じさせる行動	5-⑧ほっとした表情 4-⑬笑いながら涙を流す
		・戸惑いや不安を感じさせることば	3-⑮「ここになんで来たかわからへん」という言葉がひっかかる
		・戸惑いや不安を感じさせる行動	1-⑤この感じはこの人にしたらわりとしんどいのではないかなぁ
	【今の社会性】 他者とどんな関係を築いているか	・職員と接するときの姿勢・態度	2-⑪よっぽどこのスタッフが嫌なんやな
		・入所者と接するときの姿勢・態度	1レクリエーションにとけこむ
		・家族と接するときの姿勢・態度	4-①「お父さんは何してはんの」怒りが止まらない
		・プログラムや行事に対する姿勢・態度	1-⑳みんなが楽しそうにしている輪の中に入ってくれたらいいのになぁ

感じさせる行動＞＜戸惑いや不安を感じさせる言葉＞＜戸惑いや不安を感じさせる行動＞といった【これからの生き方】、④＜職員と接するときの姿勢、態度＞＜入所者と接するときの姿勢、態度＞＜家族と接するときの姿勢、態度＞＜プログラムや行事に対する姿勢、態度＞といった【今の社会性】によって構成される。エキスパートは、各々の認知症者にとってどのような危機が発生するのかを考えており、比較的持続的な人となりを把握することで認知症に罹患した後の、個別的な生活のしづらさについて考えることができるだろう。そして、認知症者の危機的状態として発している言動や行動の意味についても理解できると思われる。

　エキスパートの考えから、**認知症者の危機に陥っているフェルト・センスを共感的に理解する方法は、認知症者の今まで生きてきたスタイルや信念、性格や好みなど、ずっと変わらないその人の身体的・精神的・社会的姿勢（その人となり）を常に念頭に置き、そして、認知症になってからの生活のしづらさを把握することで、認知症者一人ひとりの危機に至る状態を考え、認知症者の立場で危機に至っているプロセスを捉え、認知症者本人のつらさを考えてかかわることにあった。**

（3）支援者の勘と経験による実践を科学化する方法

　太田（1998：2）は、現在のソーシャルワーク実践が、勘と経験に依拠している現実を否定できないとし、ソーシャルワーカーによるクライエントのトータルな社会生活の支援過程を焦点化することで、科学的支援方法を開発することを試みた。太田らは「ソーシャルワーク実践を支える枠組みは、生活コスモスを捉えることだ」と述べている（太田、野沢、中村　2004：213）。生活コスモスとは、クライエントそれぞれの固有な生活認識のことであり、太田（太田編著　2009：27）が名付けた用語である。つまり認知症者の危機に至る状況は、一人ひとりに固有なものだということである。実践を科学的に示し、実践と理論の乖離状態を修復し、**実践を科学化する発想に「生活コスモスがどのような要素で成り立っているのかを、いくつかの領域に分類して整理するのがひとつ**

の方法である」と太田ら（2005：20）は述べている。

　松久宗丙（2013）は、看取りの段階になった高齢者へのかかわりを例にあげ、この高齢者本人が言語的にニーズを伝えることが困難になっても、事前に本人の生活コスモスを領域別に分類し可視化することで、本人のニーズに則ったEnd of Life Careの実践が可能であったという研究を報告している。これは、前述した安井（2009：51）の、支援者のかかわりを可視化することで、その実践が科学的に説明できることに通じている。

　本稿では、支援者だれもが認知症者の陥っている危機を共感的に理解し実践できるようになるために、表5-3および表5-4を可視化する方法を試みたい。

２．認知症者の危機の可視化を試みて

（１）危機の可視化による認知症者のBPSD成立機序の検討

　認知症者の危機を支援者が簡単に把握できるように、太田ら（2005）の説明からエキスパートの考えの分析結果を用いて、認知症者の危機に陥っているフェルト・センスを共感的に理解するための項目を８領域にまとめ（表5-3）、表の項目に質問を加えた（表5-4、表5-5）。そして、この質問紙による支援者の回答結果をレーダーチャートで表し、認知症者の危機の可視化を試みた。これを行うことにより、ある程度、認知症者が陥っている危機が一目でわかり、支援者たちの認識が統一されるのではないだろうか。

　さらに、簡単にレーダーチャートの説明や認知症者の個別的な情報を加えておくと、より詳細に認知症者の危機を把握できると考える。この方法は、一定期間の経過をみてから同様の質問紙を用い、回答結果を前回作成のレーダーチャートと比較することで、支援者のかかわりによる認知症者の変化を見ることができる。

　また、ひとりの認知症者について、かかわっている支援者たち全員がレーダーチャートを作成したとき、その数値にズレが生じることも考えられる。そ

表5-3　認知症者を共感的に理解するための領域

認知症になるまで		認知症になってから	
【今までの自分】 どんなとき、どう考えどう行動していたか	・物事の考え方… 　自罰的または他罰的 　自立または依存 ・行動の傾向 ・プライド… 　どんな自尊心をもっているか 　自信の源泉は何か ・何を大切にしていたか	【今の自分】 どんな時どう考えどう行動しているか	・今の物事の考え方… 　自罰的または他罰的 　自立または依存 ・自尊心をもてているか 　自信の源泉となるものがあるか ・今、何を大切にしているか ・大切なものとの関わりがもてているか
【今までの生活】 普段はどう過ごしてきたか	・1日の過ごし方、癖、習慣 ・趣味 ・身体状況…健康または病気がち ・経済状況	【今の日常】 今どのように過ごしているか	・身体状況…健康または病気がち ・医療や介護についての考え方は好意的か拒否的か ・そのときの体調…痛み、かゆみ、空腹、発熱など ・1日の過ごし方
【今までの生き方】 できごとにどう取り組もうとしていたか	・成功体験 ・挫折や失意の体験の乗り越え方 ・どんな時代を生きてきたか… 　生きてきた時代の風潮 　その時代の考え方 ・心残り… 　やり残したこと 　やりたくてもできなかったこと	【これからの生き方】 現状にどう取り組もうとしているか	・今の生活についての満足を感じさせることば ・今の生活についての満足を感じさせる行動 ・戸惑いや不安を感じさせることば ・戸惑いや不安を感じさせる行動
【今までの社会性】 他者とどんな関係を築いてきたか	・礼儀や接遇 ・家族関係や家族内での役割、立場 ・社会的立場、仕事や地域活動 ・友人関係	【今の社会性】 他者とどんな関係を築いているか	・職員と接するときの姿勢・態度 ・入所者と接するときの姿勢・態度 ・家族と接するときの姿勢・態度 ・プログラムや行事に対する姿勢・態度

の際は、カンファレンスなどで認知症者の危機の意味について検討する必要性が生じるだろう。このように、危機に陥っている認知症者についてカンファレンスをもつことは、認知症者の混乱した状態をごまかしたり、だましたりして、表面的に状態を収めていることに疑問をもたなかった実践から脱却し、かかわりの方法の検討が早期に行われるようになるだろう。そうすることで、より認知症者の危機の共感的理解は深まり、支援者は認知症者にとって「意味ある人」として関係構築されていると考えられる。

表5-4　認知症者を共感的に理解するための質問票①

			質問項目	回答内容
認知症になるまで	性格	自立性	自立的ですか	4.そうです　3.どちらかといえばそうです　2.そうでもありません　1.違います　0.情報不足でわかりません
		積極性	積極的ですか	4.そうです　3.どちらかといえばそうです　2.そうでもありません　1.違います　0.情報不足でわかりません
		自尊心	プライドは高いですか	4.そうです　3.どちらかといえばそうです　2.そうでもありません　1.違います　0.情報不足でわかりません
		意見を貫く	自分の意見を貫きますか	4.そうです　3.どちらかといえばそうです　2.そうでもありません　1.違います　0.情報不足でわかりません
	日常生活	習慣	習慣にしていることが	4.たくさんあります　3.あります　2.少しあります　1.特にありません　0.情報不足でわかりません
		趣味	趣味は	4.たくさんありました　3.ありました　2.以前はありました　1.ありませんでした　0.情報不足でわかりません
		健康	健康状態	4.今まで大きな病気はなく健康です　3.既往歴はあるが今は健康です　2.病気を近医で治療しています（内服や注射）　1.病気がちです（入退院が多い）　0.情報不足でわかりません
		経済	経済状況	4.裕福　3.ふつう　2.苦しい　1.困窮　0.情報不足でわかりません
	人生	成功体験	成功体験の影響	4.とても影響している体験があります　3.影響している体験があります　2.あまり影響していません　1.影響はありません　0.情報不足でわかりません
		挫折	挫折や失意体験の影響	4.とても影響している体験があります　3.影響している体験があります　2.あまり影響していません　1.影響はありません　0.情報不足でわかりません
		時代背景	時代背景の影響	4.とても影響している体験があります　3.影響している体験があります　2.あまり影響していません　1.影響はありません　0.情報不足でわかりません
		心残り	やり残したこと	4.どうしてもやりたかったことがあります　3.やり残したことがあります　2.あまりやり残したことはありません　1.心残りはありません　0.情報不足でわかりません
	社会性	礼儀	礼儀や接遇を	4.とても大切にしています　3.大切にしています　2.さほど気にしません　1.気にしていません　0.情報不足でわかりません
		家族関係	家族関係は	4.とてもよい　3.よい　2.あまりよくない　1.悪い　0.情報不足でわかりません
		仕事、地域	仕事や地域活動は	4.とても熱心に取り組みます　3.取り組みます　2.取り組みがあまり熱心ではありません　1.取り組みません　0.情報不足でわかりません
		友人関係	友人は	4.たくさんいます　3.います　2.少ないがいます　1.いません　0.情報不足でわかりません

表5-5　認知症者を共感的に理解するための質問票②

			質問項目	回答内容
認知症になってから	在宅の継続	力の発揮	もてる力を発揮していますか	4.十分発揮しています　3.ある程度発揮しています　2.あまり発揮していません　1.発揮していません　0.情報不足でわかりません
		自信	生活に自信がもてていますか	4.十分自信をもって生活しています　3.ある程度自信をもって生活しています　2.あまり自信をもって生活していません　1.自信がありません　0.情報不足でわかりません
		習慣の継続	在宅での習慣ができていますか	4.十分できています　3.ある程度できています　2.あまりできていません　1.できていません　0.情報不足でわかりません
		趣味の継続	趣味は続けていますか	4.十分続けています　3.ある程度続けています　2.あまり続けられていません　1.やめました　0.情報不足でわかりません
	今の暮らし	健康状態	今の健康状態は	4.とてもよい　3.よい　2.どちらかというとよくない　1.よくない　0.情報不足でわかりません
		精神状態	今の精神状態は	4.とてもよい　3.よい　2.どちらかというとよくない　1.よくない　0.情報不足でわかりません
		介護の印象	介護を受けることに対して	4.とても好意的　3.ある程度好意的　2.どちらかというと拒否的　1.拒否的　0.情報不足でわかりません
		満足	今の暮らしは満足ですか	4.とても満足しています　3.ある程度満足しています　2.どちらかというと不満です　1.不満です　0.情報不足でわかりません
	適応	肯定言動	日々安心する言葉がけは	4.とても多い　3.ある　2.あまりない　1.全くない　0.情報不足でわかりません
		肯定行動	日々安心を感じる行動は	4.とても多い　3.ある　2.あまりない　1.全くない　0.情報不足でわかりません
		否定言動	暮らしに戸惑う言葉がけが	4.全くない　3.あまりない　2.ある　1.とても多い　0.情報不足でわかりません
		否定行動	暮らしに戸惑う行動が	4.全くない　3.あまりない　2.ある　1.とても多い　0.情報不足でわかりません
	対人関係	職員	職員と接する際の姿勢、態度	4.とても好意的　3.ある程度好意的　2.どちらかというと拒否的　1.拒否的　0.情報不足でわかりません
		入所者	入所者と接する際の姿勢、態度	4.とても好意的　3.ある程度好意的　2.どちらかというと拒否的　1.拒否的　0.情報不足でわかりません
		家族	家族と接する際の姿勢、態度	4.とても好意的　3.ある程度好意的　2.どちらかというと拒否的　1.拒否的　0.情報不足でわかりません
		行事	行事などに対する姿勢、態度	4.とても積極的　3.ある程度前向き　2.どちらかというと消極的　1.消極的　0.情報不足でわかりません

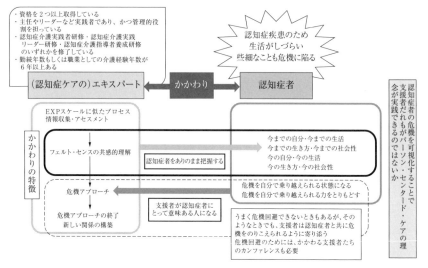

・資格を2つ以上取得している
・主任やリーダーなど実践者であり、かつ管理的役割を担っている
・認知症介護実践者研修・認知症介護実践リーダー研修・認知症介護指導者養成研修のいずれかを修了している
・勤続年数もしくは職業としての介護経験年数が6年以上ある

認知症疾患のため
生活がしづらい
些細なことも危機に陥る

(認知症ケアの)エキスパート　かかわり　認知症者

認知症者の危機を可視化することで支援者だれもがパーソン・センタード・ケアの理念が実践できるのではないか

かかわりの特徴

EXPスケールに似たプロセス
情報収集・アセスメント

フェルト・センスの共感的理解

認知症者をありのまま把握する

今までの自分・今までの生活
今までの生き方・今までの社会性
今の自分・今の生活
今の生き方・今の社会性

危機アプローチ

危機アプローチの終了
新しい関係の構築

支援者が認知症者にとって意味ある人になる

危機を自分で乗り越えられる状態になる
危機を自分で乗り越えられる力をとりもどす

うまく危機回避できないときもあるが、そのようなときでも、支援者は認知症者と共に危機をのりこえられるように寄り添う
危機回避のためには、かかわる支援者たちのカンファレンスも必要

図5-3　認知症者との対応におけるエキスパートの特徴のまとめ

　また、質問内容に「0」を設定し「情報不足でわかりません」としているのは、該当する情報を把握していることが、認知症者の危機を知る鍵となることを支援者に気づいてほしいと考えたためである。この方法を活用することで、どのような支援者であっても、パーソン・センタード・ケアの理念を実践に結びつけ、認知症者とかかわることができ、支援者ごとの認知症者に対するかかわりの相違が少なくなるのではないだろうか。

　認知症者に対するエキスパートのかかわりから、エキスパートは、どのように認知症者を捉え対応を決めているのかを分析し、認知症者の危機を視覚に訴える目的で可視化を試みれば、支援者のだれもがパーソン・センタード・ケアの理念を実践に結びつけることができると考えた。図5-3は、この一連の内容をまとめたものである。

　認知症者の危機を可視化し支援者の視覚に訴える方法は、認知症者の人となりと、現在の生活のしづらさが一見で理解できる。この方法で、認知症者一人ひとりの異なった危機の意味を知ることで、BPSD が発生した必然性を考える

ことができ、フェルト・センスの共感理解が深まっていくと考えられる（実際にこの方法を活用したものは次項に紹介している）。

（2）危機の可視化の実際

本項では、質問表を用いた可視化の具体例について述べる。

実際に、エキスパートたちがかかわった認知症者の情報を用いて、認知症者の状態を図5-4～図5-9のように表した。

支援者のだれもが、パーソン・センタード・ケアの理念を結び付け、実践できるようになるために、［認知症になるまで］の本人の変わることのないその人となり、［認知症になってから］の本人の生活のしづらさが可視化できるツールの提案をした。この有効性は次の3点である。まず、①相手のBPSDの発生理由を考える際、認知症者のその人となりの把握をすることで一人ひとりの個別的な危機の理解ができる。②現在の生活のしづらさを把握することは、認知症に罹患したあとの新しい生活の構築と、危機をのりこえるヒントにもつながっていく。そして、③この方法を用いることで、認知症者へのフェルト・シフトが促進されるだろうと考える。

しかし、さまざまな人生を歩み、さまざまな考えをもつ認知症者の危機の把握をすることは難しい。認知症者と適切にかかわれる方法を見出すために、エキスパートのアドバイスを受け、そして、支援者同士のピアトレーニングを行うことも大切なことだと考える（図5-10）。

支援者が、認知症者の危機の可視化を行い視覚に訴える形でフェルト・シフトする試みを行い、認知症者中心に危機を把握するためのカンファレンスやエキスパートのスーパーバイズ、そして、ピアトレーニングを積み重ねることで、支援者の実践が具体的にパーソン・センタード・ケアの理念に近づき、質の高いメソッドにもつながることになる。そうなることで、認知症者の適切な危機回避ができる、安定したかかわりが成立するだろう。

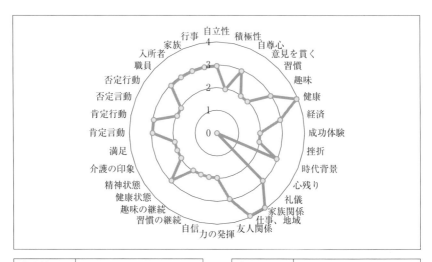

自立性		力の発揮	十分できていない
積極性	控えめ	自信	失いつつある
自尊心	まじめ　頑張り屋	習慣の継続	
意見を貫く		趣味の継続	
習慣	田舎で厳しい家	健康状態	
趣味	家事　仕事	精神状態	
健康		介護の印象	自分でしたい
経済		満足	自分でできず不満足
成功体験		肯定言動	
挫折		肯定行動	うまく生活しているよう
時代背景	戦争体験あり	否定言動	に見えるが、気を使って
心残り	わからない	否定行動	いるかも
礼儀	正しい	職員	
家族関係	仲がよい	入所者	気を使っているかも
仕事、地域	関係よい	家族	
友人関係	友達多い	行事	

我慢強いAさんの混乱の発生は、よほどのことだと考えて対応する必要がある。認知症に罹患する前の「心残り」の情報がとれていないので，生活の中で機会があれば情報収集したい。

図5-4　A氏の状態の可視化（事例１）

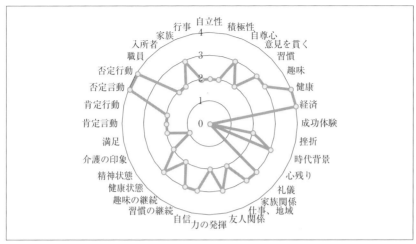

自立性		力の発揮	できるように考えている
積極性		自信	が？
自尊心	控え目　争いは嫌い	習慣の継続	できているが十分とはい
意見を貫く		趣味の継続	えない
習慣	穏やか　人に合わせる	健康状態	
趣味	コーヒーが好き	精神状態	
健康	洋服　おしゃれ	介護の印象	なじみではない
経済		満足	
成功体験	裕福	肯定言動	
挫折	ゆったり暮らしていた	肯定行動	職員の好き嫌いがあるよ
時代背景		否定言動	うに感じる
心残り	戦争体験あり	否定行動	
礼儀		職員	
家族関係	誰に対しても優しい	入所者	
仕事、地域		家族	
友人関係		行事	

Bさんが、認知症になられてからは、趣味を思い切り楽しんでもらうことは難しくなってきたが、習慣にされてきたコーヒーを飲むことなどは継続し、できることは自宅でされていたことを継続しているつもりだった。しかし、否定的な言動、行動が多いことなどから、ここの環境になじめていないのではないかと想像する。「成功体験」や「心残り」の情報がとれていないので、その情報も加えていく必要がある。

図5-5　Ｂ氏の状態の可視化（事例２）

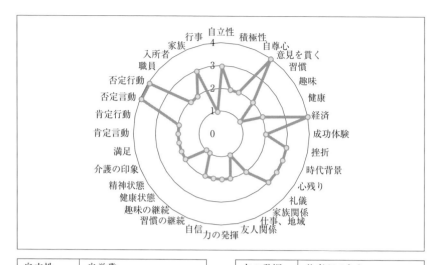

自立性	自営業	力の発揮	仕事ができない
積極性	まがったことが嫌い	自信	できると思っている
自尊心	仕事一筋	習慣の継続	できていないので不満
意見を貫く	職人かたぎ	趣味の継続	
習慣	仕事中心	健康状態	病識の有無不明
趣味	趣味は仕事	精神状態	毎日不満
健康	脱水症など病気がち	介護の印象	悪い
経済	裕福	満足	していない
成功体験	仕事上のことで	肯定言動	職員は，様々な行動を指
挫折	乗り越えてきた	肯定行動	図するような口調でかか
時代背景	戦争体験あり	否定言動	わってくることが不快だ
心残り	仕事	否定行動	と思っている
礼儀	他者にも厳しい	職員	
家族関係	妹	入所者	好意的ではない
仕事、地域	地域活動は希薄	家族	
友人関係	少ない	行事	参加は消極的

Cさんは、独身で一人暮らし。妹が時々身の回りの整理に訪れている。入所前で認知症に罹患していなかった頃から、身体的に不調があり近医に定期的に受診していた。
スタッフをこころよく思っていないが、言葉数が少ないので、Cさんの力を奪わないように、また、対応がルーティーン・ワークにならないように注意する必要がある。

図5-6　C氏の状態の可視化（事例3）

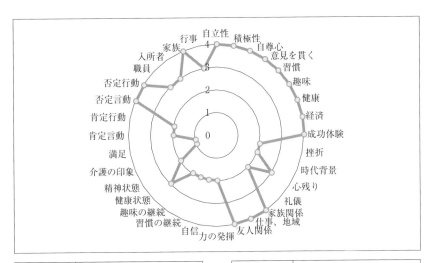

自立性	主婦　夫の手伝い
積極性	とても積極的
自尊心	明るくさっぱりしている
意見を貫く	
習慣	犬の散歩
趣味	多趣味
健康	
経済	裕福
成功体験	
挫折	あまりない
時代背景	戦争体験あり
心残り	
礼儀	誰とも平等
家族関係	とてもよい
仕事、地域	頼りにされていた
友人関係	多い

力の発揮	力の発揮，趣味，習慣な
自信	どが活動的に行えていな
習慣の継続	い
趣味の継続	
健康状態	
精神状態	
介護の印象	仲良くしようとする
満足	不満
肯定言動	
肯定行動	納得した生活はできてい
否定言動	ない
否定行動	
職員	積極的にかかわろうとす
入所者	る
家族	頼りにしている
行事	積極的に参加

できるだけ、Dさんが納得して生活できるように、必要に応じて本人も交えたカンファレンス
を開いてはどうか。
また、今まで、他者に頼られてきた生活だったので、役割がある生活を今後も、本人と共
に考える。

図5-7　D氏の状態の可視化（事例4）

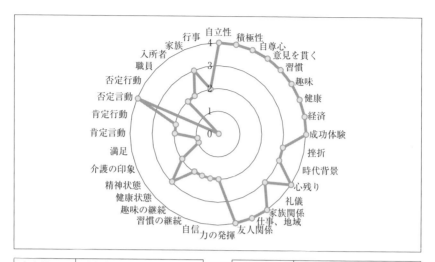

自立性	
積極性	大都会の一等地に
自尊心	ブティックを経営
意見を貫く	さまざまな苦難を乗り越
習慣	えてきた
趣味	仕事
健康	仕事
経済	裕福
成功体験	戦争を乗り越え商売の挫
挫折	折も乗り越えながら、最
時代背景	後には商売を成功させた
心残り	死後の整理がしたい
礼儀	正しい
家族関係	良好
仕事、地域	地域活動も積極的
友人関係	多い　頼られていた

力の発揮	
自信	今まで思い切りできてい
習慣の継続	たことが、全くできない
趣味の継続	
健康状態	
精神状態	
介護の印象	
満足	不満
肯定言動	
肯定行動	環境が変わったことが納
否定言動	得できないの
否定行動	
職員	なじめていない
入所者	なじめていない
家族	不信感あり
行事	納得できず不参加

Eさんは、早くに夫を亡くし女手一つで子育てをしながら商売を成功させた社長である。仕事が忙しい中でも、地域活動や地域の付き合いは積極的にされ，気さくな性格のため友だちも多い。

認知症になられてからは、まだ、現在の環境になじめておらず、また、一人で会社を作ってきた人でもあり、人に頼られても、頼ることには慣れておられず、職員や入所者に対しても信頼を築けているとは言い難い。

娘さんにも、介護について不信感がある。Eさんと職員が共に生活していることを認識され、些細なことでも任せていただけるような関係を築けるようにしたい。

図5-8　E氏の状態の可視化（事例5）

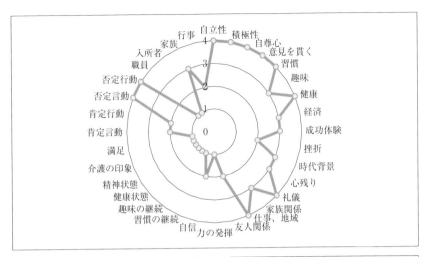

自立性	人に頼りたくない
積極性	
自尊心	一人でやり遂げる
意見を貫く	自分にも人にも厳しい
習慣	
趣味	仕事に一生懸命
健康	
経済	
成功体験	
挫折	
時代背景	
心残り	
礼儀	自分にも人にも厳しい
家族関係	厳しい
仕事、地域	地域活動も熱心
友人関係	少ないがいる

力の発揮	できていない
自信	
習慣の継続	
趣味の継続	
健康状態	ターミナルステージ
精神状態	
介護の印象	思い通りにしてほしい
満足	不満
肯定言動	
肯定行動	
否定言動	自分以外の人は、信用していない
否定行動	
職員	
入所者	
家族	
行事	参加は仕方ない

Ｆさんは、他者に甘えられることを嫌い、逆に自分が他者に甘えることも嫌いである。友人は少ないが、仕事は一生懸命され地域活動も積極的に取り組まれる。頑固で礼節に厳しい。

Ｆさんが、認知症になられてからも、頑固で自分にも他者にも厳しい考え方や態度は継続し、中核症状をもちながら生活するのはつらかったと思われる。現在、思うように身体を動かすことができず、寝たきりに近い状態でターミナルステージを迎えようとしており、他者の介護を受けざるを得ない状況になっているにもかかわらず、なかなか他者の介護を受け入れることができない。このようなＦさんの性格を踏まえて、無理のないＦさんなりの自立したかかわりを考えていかなければならない。

図5-9　Ｆ氏の状態の可視化（事例６）

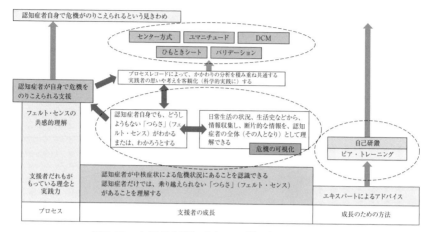

図5-10　支援者の認知症ケアの質の向上のプロセス

（3）認知症者とのかかわりの定期的な確認の必要性

　支援者のかかわりが、ルーティーン・ワークにならないように、定期的に支援者自身の認知症者に対するかかわりを確認する方法も必要ではないかと考え、本稿の「表3-1グループホームの職員に対するアンケート内容」を引用しチェック表を作成した（表5-6）。そして、支援者のチェックされた結果をレーダーチャートで示すことで（図5-11、図5-12）、どの項目ができているかまた、できていないのかが一目で確認できるようにした。

　表5-6の作成にあたりチェック項目を、①「配慮」認知症者を配慮したかかわりができているか、②「尊重」認知症者を尊重したかかわりができているか、③「自立支援」認知症者の自立支援ができているか、④「かかわりの評価」支援者のかかわりが評価できているか、⑤「環境」認知症者の環境を整えているか、⑥「家族支援」家族への支援はできているかの6カテゴリーに分類した。カテゴリー化されたものが、レーダーチャートに示されることで、カテゴリー別に結果が判別でき、より支援者のケアがわかりやすく示されるのではないかと考えた。

表5-6　支援者の認知症者とのかかわりチェック表

あなたの現在の認知症の方に対するかかわりについて、適切だと思う番号ひとつを○印で囲ってください。

1- いつもできている　2- 時々できている　3- どちらでもない　4- あまりできていない
5- できていない

カテゴリー	キーワード	チェック項目	チェック
配慮	①変化の察知	認知症の方のちょっとした気持ちの変化を察知し、直感で気配りしている	1 2 3 4 5
	②興味を惹く知識	対象の興味を惹く知識をたくさんもってかかわっている	1 2 3 4 5
	③納得する対応	認知症の方が、納得できるような方法を提供している	1 2 3 4 5
尊重	④すごいと思う	「この人はすごい」と思いながらかかわっている	1 2 3 4 5
	⑤平等性	認知症状に偏見をもたず、いつも平等にかかわっている	1 2 3 4 5
	⑥自分への置換え	認知症の方の状況を、自分に置きかえて考えている	1 2 3 4 5
	⑦最優先	仕事の最優先を、認知症の方とのかかわりにしている	1 2 3 4 5
	⑧混乱の捉え方	認知症の方が混乱しても、わずらわしく思わない	1 2 3 4 5
自立支援	⑨さりげなさ	認知症の方の、できないことだけをさりげなく支援している	1 2 3 4 5
	⑩待つ姿勢	認知症の方の行動を急がせたり、先回りせず待ちながらかかわっている	1 2 3 4 5
	⑪自己決定	認知症の方が自己決定できるように、認知症の人本人に確認している	1 2 3 4 5
かかわりの評価	⑫視野の広さ	混乱の発生原因を、疾患を含めた多方面から推測しかかわっている	1 2 3 4 5
	⑬チームワーク	認知症の方の対応をひとりで抱えこまず、チームでかかわっている	1 2 3 4 5
	⑭ケアの振返り	日々の業務に流されそうなときに、自分のケアを振り返り律している	1 2 3 4 5
	⑮症状の分析	認知症状を、分析しながらかかわるのが楽しいと思う	1 2 3 4 5
	⑯特別視しない	認知症ケアは特別ではなく、当たり前のかかわりだと思ってかかわっている	1 2 3 4 5
環境	⑰リラックス	認知症の方がリラックスできるようにかかわっている	1 2 3 4 5
	⑱環境変化の配慮	認知症の方の環境による混乱を、最小限にする工夫をしている	1 2 3 4 5
	⑲親しみやすさ	親しみやすい雰囲気をもってかかわっている	1 2 3 4 5
家族支援	⑳家族支援	家族に専門的な助言ができている	1 2 3 4 5

また、レーダーチャート作成においてカテゴリーを色分けし、チェック項目は短いキーワードで表した（図5-11）。図5-12は、チェックの結果例として、多忙な日々の中で、ときとして忘れがちな、「待つ姿勢」や「ケアの振返り」を「できていない」にチェックし、その他の項目もアレンジし示したものである。明らかに「できていない」の項目が特化して表示されるので、一目で気をつけなければならない対応に気づくことができる。

　このように、支援者自身の認知症者とのかかわりをフィードバックすることで、認知症者のもつフェルト・センスを共感的に理解した認知症者とのかかわりが、自然に身につくのではないかと考えられる。そして、かかわりの成功体験を積み重ねることで認知症ケアの客観化（科学的実践）が行え、センター方式やひもときシート、また、先進国の注目されているメソッドを活用するための橋渡しができるのだろうと考える。

3．支援者のモチベーション向上に関する考察および本研究の限界と課題

（1）ケアの相互関係による支援者の満たされた状態

　小澤は、認知症ケアについて「認知症者への畏敬の念がないと、心を傾けてケアにあたれない（小澤 2003：14)」「認知症者の介護の中で、『聖なるもの』としかいいようのない『なにか』に出会う。それは、（支援者の）これまでの人生、考え方、感じ方を大きくゆるがすようなものですらある（小澤 2003：54)」と述べている。また、堀恭子（2010：317）は介護場面を、「認知症高齢者と介護者の相互行為であるという視点で捉えると、介護され介護するといった関係性の中で、介護する側に起こる心理・行動プロセスを知ることは、介護の質向上のためにも、介護のメンタルヘルスのためにも重要である」と指摘している。このことからも、認知症者に対する適切なケアは、一方向からではなく相互行為の視点で理解することが必要だと考えられる。

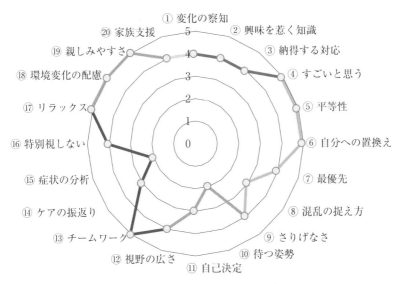

図5-11　かかわりの結果を表すレーダーチャート

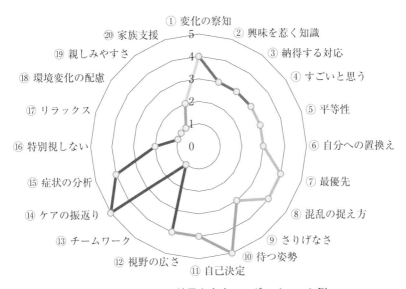

図5-12　かかわりの結果を表すレーダーチャート例

渡部克哉（2008：219）は、ケアを「関係性」と捉え、ミルトン・メイヤロフ（Mayeroff, M ／田村真、向野宣之訳 1987：13）はケアについて、「その人が成長すること、自己実現することをたすけることである」と論じ、ケアするものとされるものの間に「差異の同一性」という相互関係が生じると述べた。この「差異の同一性」とはケアの根幹をなし、「自他の差異を自覚し、一方的に相手から支配されることから自由でありながら、共にケアを行う共同性を意味している（千葉胤久 2014：12）」。このことから、ケアとは「ケアする者もケアされる者も、両者共に主体であり、ケアをとおして、両者共に独立した各々の納得があり、満たされている関係性」と解釈することができる。この解釈を、認知症ケアの場合で考えてみると、ケアされる側である認知症者が、納得し満たされた状態とは「認知症の中核症状から危機に陥ったとしても、混乱することなく自分なりの日常生活を取り戻すこと」だといえる。そして、ケアする側である支援者が納得し満たされた状態は、「ケアをとおして、自分の成長を感じること（田村ら訳 1987：13）」だとメイヤロフは述べている。

　ケアすることを通じて、認知症者も支援者も満たされた状態になることこそ、適切なかかわりであるといえるだろう。

（2）支援者の内発的動機づけによるモチベーションの向上

　高齢者ケアの質と内発的動機づけについて研究している大庭輝（2014：82）は、「支援者全体で、認知症ケアの質を向上させなければならない」と述べている。内発的動機づけとは、「（支援者の）知識を深めたり、技能を高めたりする指向や、自ら学習に取り組む姿勢であり（鹿毛雅治 1994：353）」「支援者に内発的動機づけを行うことで、認知症ケアの質が向上する（大庭 2014：85）」と述べている。金高闐、黒田研一（2012：111）は、質が良いとされる支援者の態度として、「認知症高齢者にポジティブなイメージをもっていること」「仕事に対して前向きであること」などをあげており、また、ジマーマン・S（Zimmerman, S）、ウィリアムズ・Cら（Williams, C, etc.）（2005：96）は、「認知症者について、①アセスメントができ、認知症者とうまくかかわる、②

スキルがベースにあると認識している支援者ほど、認知症者に対して、パーソンセンタードなかかわりをしている。」（文中の付番は筆者）と述べている。この説明を、本研究結論と照合すると、①のアセスメントは、今回提案した方法を用いることであり、①を踏まえた実践によって、②フェルト・センスの共感的理解のスキルを獲得でき、相手に対して、パーソン・センタードなかかわりができると考えていいのではないだろうか。また、蘇珍伊、岡田進一、白澤政和（2007：129-130）は、内発的動機づけが高まる要因として、認知症者本人との肯定的関係を築くことであると述べている。

　このことから、今回提案した方法は、認知症者の人となりに注目することで、その人のもてる力や強さを知ることができる点で有用であり、それを踏まえてフェルト・センスを共感的に理解し危機を捉え、認知症者と共に支援者も納得した危機をのりこえる方法を選択し、認知症者が危機を自力でのりこえたとき、認知症者の強さを目の当たりにできるだろう。また、認知症者がそのようになることで、支援者自身のかかわりにも自信がもて、内発的動機づけにつながるのではないだろうか。したがって、認知症者とかかわることが内発的動機付けにつながることも、エキスパートの条件のひとつとなると考えることができる。

（3）本研究の限界と今後の課題

　本研究の研究協力者は6名と少数であり、スノーボールサンプリングによって研究協力依頼を行っていることから、データの内容に偏りが生じた可能性も考えられる。これからも、エキスパートの条件を満たす支援者を対象に実践の分析を継続し、また、今回の研究協力者とは異なった視点で、認知症者にアプローチしている協力者にも活用可能であるか確かめる必要がある。

　また、今回の支援者に対する方法の提案の実施は、既に分析材料として得ていたプロセスレコードの認知症者の情報を参考に、筆者が行ったものであり、実際に支援者が活用した場合に有効であるかは今後の課題である。しかし、本研究協力者に提示し意見を求めたところ、この方法は十分、実践の場での活用

が可能であり、実際に利用していきたいとのことであった。

　支援者の勘と経験による実践から、パーソン・センタード・ケアの理念を、科学的な実践として確立するためには、本研究のように、エキスパートの実際の実践を分析することが有効だと考えられる。しかし、その方法は、質的研究でも、エキスパートに対するインタビューでは、具体的にデータ収集はできないだろう。エキスパートたちの判断基準となる考えや思いが明確になった実践データを得たいと思う場合は、実際のかかわりの場面をフィードバックし、エキスパートは、その場面でどのように考え、どのような行動をとったのかといった、主観を言語化できるプロセスレコードなどを用いて分析を行うことが適していると考える。この結果の分析を積み重ねることによって、科学的な実践につなげていくことが可能になるのではないだろうか。

　また、プロセスレコードの分析だけでなく、エキスパートが実際に対応している場面を映像化し分析するなど、より有効な方法の創造の継続も必要となると考える。

　先行文献から、加藤（2007、2008、2009）の研究のような量的研究は、本研究方法を継続し、成功体験だと考えられる客観データが、ある程度収集できた後に行うと実践に則した結果を得ることができるのではないかと思われる。

　エキスパートの実践は、認知症ケアのモデルとなることも考えられる。そのため今後も、研究協力者を増やし認知症者と支援者のかかわりの実践を言語化し可視化することで、認知症ケアの標準化に向けて研究を継続していく必要がある。

　また、支援者の対応評価を、できるだけ認知症者自身が行えるように働きかけることも必要だと考える。認知症者は、日常生活において生活のしづらさはあるが、なにもわからなくなった人ではない。しかし、いまだ、疾患をもちながら、生活の中でおこる些細な危機に戸惑う姿に、知らず知らずに「ボケてしまってなにもできない」というスティグマを負わせてしまう日常がある。

　だが、2004年に「国際アルツハイマー病協会第20回国際会議」がアジアで初めて京都市で開催され、認知症者本人であるオーストラリアのクリスティー

120

ン・ボーデン氏（Christine Boden）、国内では越智俊二氏が、実際に疾患をもちながら暮らしている現実を自らの言葉で発表した。認知症になっても、すべてがすぐにわからなくなるのではなく、自分が自分でなくなっていくような不安な思い、家族に迷惑をかけているといった申し訳ない思いを常に感じながら生活していることがはっきり理解できた。

　それ以降、さまざまな場面で、認知症者本人が自身の考えや思いを発言するようになってきている。そして、2017年に再び「国際アルツハイマー病協会国際会議」が京都市で開催され、多くの認知症者本人が、認知症疾患を思いながらの生活について語り、自己の生き方をカミングアウトし、生活支援に関する要望を主張した。

　この現状から、支援者は認知症者の重症度にかかわらず、できるだけ本人の言葉に耳を傾ける必要がある。また、認知症者は、認知症にだけはなりたくないという思いから、自分の状態を直視しようとしなかったり、ごまかしたり、指摘されても強く否定したりする。支援者は、そのつらさも理解しつつかかわることで、認知症者自身が少しだけでも疾患のつらさを表現でき、自身の希望を自分から伝えられるような関係が構築できるといいだろう。

　2012年、これまでの認知症施策を再検証し「今後の認知症施策の方向性について」が厚生労働省認知症施策検討プロジェクトチームによりとりまとめられた。そして、2013年には「認知初期集中支援推進事業」がモデル事業として実施され、2018年度にはすべての市町村で実施されることとなった（2013年厚生労働省老健局長通達「認知症対策等総合支援事業の実施について」より）。これは、認知症を患うだれもが疾患の初期段階から、専門職と共に人生設計し、どこにいてもできる限り自然体で暮らせるように、社会資源を活用する際も、認知症者本人の生活のしづらさの本質を知り、その人なりのつらさの表現やその対処、のりこえ方を理解してもらえるための事業であると考える。

　記憶障害などの中核症状が重度化することで、今までの人生でつくり上げられてきた「その人となり」が、外見上変化してくること、自分で自分がどうなっていくのかさえわからない「認知症」という疾患に罹患してしまったこと

は本当につらいことだと思う。しかし、認知症の初期であればあるだけ、認知症者自身の意思意向は、はっきりしている。だからこそ、なるべく早期に認知症ケアの専門職者と出会い、現状の表やレーダーチャートを、認知症者と協働で作成することによって、いつまでもその人がその人であり続けられ、パーソンセンタードなケアが受けられるのだと考える。

そして、これからは認知症のケアパスに、認知症者のフェルト・センスを共感的理解する質問項目も組み込み、地域の訪問系サービス提供者や、行政・地域包括支援センターなどのスーパーバイザー、ときには施設のスタッフなど、多くの認知症者をとりまく関係者によって、各々の情報からレーダーチャートを作成し、関係者のカンファレンスで利用できるような連携システムツールとして活用できるようになるといいだろう。

このように、認知症者への対応は、早期から専門的に行うことが重要であると考えている。しかし、重度の認知症者の理解とその対応についても、本稿の研究結果を基盤にして考察していく必要があり、今後の課題のひとつであると思われる。

【引用・参考文献】

Christine Boden（2003）『私は誰になっていくの？―アルツハイマー病者からみた世界』檜垣陽子訳、クリエイツかもがわ

千葉胤久（2014）「メイヤロフの『差異の同一性』概念」『北海道教育大学紀要』、1-12頁

Frederick Salomon Perls（1990）『ゲシュタルト療法―その理論と実際―』倉戸ヨシヤ監訳、日高正宏、倉戸由紀子、井上文彦訳、ナカニシヤ出版、15―16、133頁

長谷川和夫（2002）「痴呆ケアの新しい道」『日本痴呆ケア学会誌』第1巻第1号、37-44頁

堀恭子（2010）「認知症デイサービス職員は介護をどのように意識しているか―介護職員の体験を探索的にモデル化する試み―」『老年社会科学』第32号、317-327頁

加藤伸司代表研究者（2007）「認知症における標準的なケアモデルの構築に関する研究」『平成18年厚生労働省科学研究補助金長寿科学総合研究事業報告書』

加藤伸司代表研究者（2008）「認知症における標準的なケアモデルの構築に関する研究」『平成19年厚生労働省科学研究補助金長寿科学総合研究事業報告書』

加藤伸司代表研究者（2009）「認知症における標準的なケアモデルの構築に関する研究」『平成20年厚生労働省科学研究補助金長寿科学総合研究事業報告書』

金高闊、黒田研一（2012）「認知症の人に対する介護職員の態度とその関連要員」『社会問題研究』第61巻、101-112頁

国谷誠朗（1987）「ゲシュタルト療法（Gestalt Therapy）」『心身医』第27巻第 7 号、585-590頁

前田茂則（2015）「ゲシュタルト療法」『Japanese Journal of Radiological Counseling』第12巻第 1 号、26-30頁

松久宗丙（2013）「End of Life Care におけるソーシャルワーク実践：エコシステム構想を活用して」関西福祉科学大学博士論文、122-153頁

Milton Mayeroff（1987）『ケアの本質——生きることの意味——』田村真、向野宣之訳、ゆみる出版、13頁

室伏君士（1985）『痴呆老人の理解とケア』金剛出版、50-51頁

越智須美子（2009）『あなたが認知症になったから。あなたが認知症にならなかったら。』中央法規出版

大庭輝（2014）「認知症ケアにおける内発的動機づけ研究の提案：介護職員を対象にした研究の現状と課題から」『生老病死の行動科学』第17-18巻、79-89頁

太田義弘（1998）「ソーシャル・ワーク実践へのエコシステム情報の意義と課題」『社會問題研究』第47巻 2 号、1-25頁

太田義弘（2002）「支援科学としてのソーシャルワーク実践と方法」『ソーシャルワーク研究』第28巻 2 号、33-45頁

太田義弘、野沢正子、中村佐織（2004）「ソーシャルワーカーへの支援スキル訓練の研究—コンピューター・シュミレーションを用いた実践教育の展開—」『国際社会文化研究所紀要』第 6 号、209-224頁

太田義弘、中村佐織、石倉宏和編著（2005）『ソーシャルワークと生活支援方法のトレーニング』中央法規出版、20頁

太田義弘編著、長澤真由子、安井理夫ほか（2009）『ソーシャルワーク実践と支援科学—理論・方法・支援ツール・生活支援過程—「ソーシャルワークの視野と発想」「ソーシャルワーク実践の科学化と方法」』相川書房、27、52頁

小澤勲（2002）「痴呆ケアの見取り図」『日本認知症ケア学会誌』第 1 巻第 1 号、20-25頁

小澤勲（2003）『痴呆を生きるということ』岩波新書、14、54頁

齋藤繁（2009）「危機介入におけるコミュニケーション」『弘前学院大学社会福祉学部研究紀要』第 9 号、21-27頁

鹿毛雅治（1994）「内発的動機づけ研究の展望」『教育心理学研究』第42巻、345-349頁

蘇珍伊、岡田進一、白澤政和（2007）「特別養護老人ホームにおける介護職員の仕事の有能感に関連する要因—利用者との関係と職場内の人間関係に焦点をあてて—」『社会福祉学』第47巻、124-135頁

渡部克哉（2008）「ケアの性質—caring about と caring for—」『ソシオサイエンス』第14号、218-231頁

山竹伸二（2010）「現象学的心理学の可能性」『アジア太平洋レビュー2010』、28-40頁

安井理夫（2009）『実存的・科学的ソーシャルワーク エコシステム構想にもとづく支援技術』明石書店、51頁

Zimmerman, S. Williams, C. Reed, P. Boustani, M. Preisser, J. Heck, E. & Sloane, P. (2005) Attitudes, stress, and satisfaction of staff who care for residents with dementia. *The gerontologist*, Vol.45, pp.96-105.

おわりに

　「いろいろな認知症の人の状態を理解するというのは、それほど簡単なことではない。認知症の人の言動が、今ここの現実に居ながら時間と空間を超えた世界とが重なった世界で生きているように思えるとき、私たちの常識は困惑するしかない」と荒木重嗣（2011：86）は、認知症者とかかわる支援者の気持ちを表現している。本稿では、認知症者の理解が難しい混乱した状態を「危機」と捉え、ソーシャルワークの危機理論を参考に対応を考えていった。

　長きに渡り BPSD を呈する認知症者は、抑制によってその症状を止めるといった対応がなされてきた。しかし、認知症ケアは「尊厳を支えるケア」だと大きくシフトチェンジし、認知症ケアを高齢者ケアの標準的なものにするよう周知された。このシフトチェンジの原動力になったのは、キットウッドのパーソン・センタード・ケアの理念であった。

　パーソン・センタード・ケアの理念は、認知症者とかかわる支援者にも適切なケアであると広く認識されていた。しかし、理念を踏まえた支援者の実践は一定したものではなかった。この支援者の現状が、本研究を行うにあたっての問題提起である。本研究で、認知症者にかかわる支援者だれもが、パーソン・センタード・ケアの理念を踏まえて適切な実践ができるように、エキスパートの実践をプロセスレコードで表し、それを分析した結果を用いて効果的だと考えられる支援者の対応方法を提案してきた。

　危機に陥っている認知症者とエキスパートとのかかわりには、ジェンドリンの説明する体験過程に似たプロセスがあり、認知症者自身も明確にできない日常生活で発生するつらさ（フェルト・センス）を、あたかも認知症者本人が感じるように、エキスパートは共感的に理解していた。このエキスパートの実践を分析し、認知症者の危機状態に至った要因だと考えられる項目から質問表をつくり、支援者のチェックした結果をレーダーチャートで表し、可視化を行っ

た。この認知症者の危機状態を、支援者の視覚に訴え理解する方法を活用することによって、ほぼ一定の認識で、支援者たちだれもが認知症者にかかわることができるようになることが期待できる。

　今回、プロセスレコードに選ばれていた場面は、日常生活の中で常に発生しているBPSDの対応であった。認知症者は日々の生活の、どのようなときにも危機に陥る可能性を秘めている。このような状態にある認知症者と、常にかかわっている支援者たちは、たとえエキスパートであってとしても、毎日繰り返される認知症者の危機状況を「勘」と「経験」で対応し、自己の実践の振り返りを行うことはおそらく少ないだろうと思われる。

　本研究は、エキスパートの「勘」と「経験」による実践を、プロセスレコードによってフィードバックし、質的に分析することで、認知症者の危機をいかに適切に回避しているのかまた、その統一した特徴を知ることができた。

　BPSDを発生している認知症者との適切なかかわりを見出す際に必要な事項は、①認知症者の危機に至った状況をフェルト・センスの共感的理解を示しながら対応する。②①を行うために、認知症者本人を理解するための表の項目をチェックし、危機が可視化できるようにする。そして、かかわる支援者たちと、チェックの結果を活用しながらカンファレンスを行い、認知症者をなるべく統一的に理解するようにする、という2点だと考える。

　本研究によって得られた結果を基に、さらなる研究継続を行うことで、よりパーソン・センタードな認知症者とのかかわりが追及できると考えている。

【引用・参考文献】
荒木重嗣（2011）「認知症ケア論再考」『新潟青陵大学短期大学部研究報告』第41号、85-94頁

巻末資料

認知症者とエキスパートの対応場面の分析
プロセスレコード

Aさんのプロセスレコード（事例1）

場面：（2014年6月14時頃　場所：ホールで歌の会をしている）
状況：Aさんは、軽度～中等度の認知症で、利用して1ヵ月程度経過した頃。歌の会の途中で、自分の荷物が気になり始め、軽く混乱している。（歌の会の一番奥に座っていた）
この場面を選んだ理由：本人の納得できるように、自由に行動してもらいながら、チームでかかわり落ちつきを取り戻した事例。

相手の言動・行動	私が考えたこと・感じたこと	私の言動・行動	今、振り返って思うこと
①「荷物はどこにあるのかしら？上着はどこ？」と少し焦ったような軽く混乱気味	②寒いんかな？	③「お部屋に荷物はありますから、大丈夫ですよ。寒いですか？」	⑤は、日常のようすを観察しているため、現状と比較しAさんの混乱の程度を把握し、Aさんのしんどい気持ちをわかろうとした。
④「そうじゃないの。荷物がどこにあるのかなと思って……」少しイライラしている感じ	⑤自分の荷物が気になるんだな。気持ちが不安定なんでしんどそう。おどおどしにくいけれど、この感じは、この人にしたらわりとしんどいのではないかな？とにかく落ちついてもらおう	⑥「そうですか。Aさんのお部屋にあるので大丈夫ですよ」	
⑦「ここは何階？」	⑧なぜこんなこと聞くのかな？ここは1階しかないのにどこかと勘違いしている？	⑨「1階ですよ」	

利用者の言動	感じ・考えたこと	援助者の言動	分析
⑩「じゃあ私でも探しに行けるわね」	⑪家に帰りたくなったのかな？そうだったら荷物が大丈夫ということだけでは、納得できないだろうな	⑫「じゃあ一緒に荷物をとりに行きましょうか？」	⑪やみくもに「お部屋にあるから安心です」を繰り返すのではなく、Aさんの思いをさぐりながら、なにが安心につながるのか考えた。
⑬「助かるわ」	⑭とりあえず荷物を見せて安心してもらって、帰ることなれば、どこかで休み落ち着いてもらいながらかかわっていこう	⑮「じゃあ行きましょう」	⑭次になにが起こるのか予測しながら対応した。
⑯自室まで職員と歩き始めるAさんＡ（他の利用者は楽しそうに、レクリエーションに参加している）	⑰荷物を見て安心するのであれば、荷物のところまで行けばいいし、本人に任せよう	⑱自室に向かって本人が歩いているのを、一緒に歩きながら見守る	⑰なにかを誘導するのではなく、Aさん自身がどうしたいのか、どのように解決されるのかを見守った。
⑲楽しそうにしている他の利用者の中を通り抜け、自室の方に向かって歩いて行く	⑳帰りたいという不安な気持ちを紛らわしたい。そうした気持ちが楽になるAさんも、気持ちが楽になるだろうな。みんなが楽しそうにしている輪の中に入ってくれたらいいのになあ	㉑（他の利用者の中を通り抜け際に、レクリエーションをしている他の職員に小声で）「あなたのところ座れる？」（Aさんの通り際、即座に他の職員が歩いているAさんに）「ここ空いてますからどうぞ」	⑳㉑で、レクリエーションにAさんの気持ちが向かうように、ひとりで対応するのではなくチームで環境作りをしようとした。 ㉑では、Aさんに気づかれないよう小声で他のスタッフに声をかけているが、言葉が

㉒「ありがとう」といって、勧めてくれた椅子に座る	㉔（レクリエーションに入っている職員が、レクリエーションにAさんが熱中できるようにAさんに配慮してくれている）	㉓けがなくても状況把握し、スタッフが動き出しかもしれない。 ㉓で、自然にAさんがレクリエーションにとけこめるように、自分が邪魔にならないように、後は他のスタッフに任せた。
㉕なに事もなかったように、穏やかにレクリエーションを楽しんでいる	㉓あっ、座っ物のことは忘れて気分が楽になっただろう。あとは、レクリエーションに入っている職員に任せよう ㉖混乱が収まってよかった。スタッフ全員が同じ気持ちでAさんにかかわれていた	※スタッフ全員が一人ひとりの利用者を見守り、同じようにな思いで同じようにケアができ、今までやってきたことが間違っていなかったと思う。

130

Bさんのプロセスレコード（事例2）

場面：（2014年6月9時頃、場所：（食堂のフロア）
状況：Bさんは、アルツハイマー病の女性。朝食後、急に機嫌が悪くなり、落ち着きがなくなった。経験の浅いパート職員が対応するが、落ち着かず、対応を交代し機嫌が直った。
この場面を選んだ理由：今までの経験を実践することで、Bさんの気分をかえることができた。

相手の言動・行動	私が考えたこと、感じたこと	私の言動・行動	今、振り返って思うこと
①朝食後、急に立ち上がり、うろうろしだし、他スタッフが、そばに対応を始める	②①のような場面は、今までもあったし、なにが嫌なことがあったのかな？トイレのサインかな？（台所の方にいたため）そばにいる他スタッフに任せよう	③スタッフの対応を見守る	③経験の浅いパート職員が、どう対応するのかに関心があった。
④他スタッフがBさんになにか声をかけ、誘導されながらトイレに行かれる	⑤うろうろする原因がトイレだったのかな？経験の浅い職員がトイレと気づいてくれて嬉しい。ちゃんと対応してくれてるな	⑥その場で、安心して見守る	⑤スタッフが、原因を理解しトイレに誘導したことが嬉しかった。
⑦トイレ後もうろうろしてる。同じスタッフがそばについて、なにか声をかけている（「食事なのでゆっくりしましょう」という感じの言葉がけ）	⑧うろうろしている原因はトイレやなかったんやで…なんやろ？	⑨その場で対応しているスタッフが、どうするのかな？と思いながら2人のやりとりを見守っている	⑧まだ、このときも、スタッフがうまくかかわれることを期待していた。

⑩対応しているスタッフが焦ってきたようで、どんどん「Bさん」など言葉かけの声が大きくなってきて、私と目を合わせる回数が増える…Bさんは笑顔がなくなり、不安そうな表情でスタッフに「ついてこないで」と怒り口調で目つきが鋭く、離れようとする態度がある

⑪「ついてこないで」というほどBさんは、このスタッフが嫌なんやな…対応するスタッフがしんどそうだし、この状態でかかわり続けたらスタッフもしんどいし、Bさんもかわいそうだし、対応をかわった方がいいな

⑫今まで対応していたスタッフを台所の方にやり、Bさんの視界に入らないようにした

⑪⑫「ついてこないで」とまで言われると、よほどの嫌悪感をもたれたと思うし、Bさんも、スタッフもお互いがしんどくなりそうだし、今後のかかわりにも影響するだろう。うまく、この場を収めないといけないと思った。

⑬スタッフがつかなくなり、自由に部屋を出たり入ったりしている

⑭まだうろうろがおさまらない、表情も険しいし、まだ落ち着いておられないのでは？今までの対応が女性だったから、男性の私が対応してみたらどうかな？今までの経験から、女性は男性から身だしなみとか、お化粧とか、褒められると気分がよい方向に変化するので、そういう対応をしてみよう。でも、Bさんはアルツハイマー病やし、服を認識できないこともあるし、服をまわりわかりやすい方法をとらないと伝わらないだろうな

⑮Bさんの視界に入るよう、目の前に立って「おはようございます。今日もすてきな服着てますね」と、着ておられる服がBさんに見えるようにつまんで見せる

⑭⑮Bさんもしんどいだろうし、あまりヒートアップしすぎると時間がかかるため、なんとか短時間で気分をよくしないといけないと思った。
自分が、男性であることも含め、今までの経験から、機嫌がよくなる最も確率の高い方法をとり、疾患のことをも考えて失敗しないように対応しようと思った。

⑯「あら」と私を見てから「そんなことないわよ」顔の表情が、険しいものからゆるんだような感じ	⑰服を褒めらられていることは、わかってくれているが、まだBさんのしんどさが落ち着いてなかったからか、わからない…手をつないでみて、振り払ったらまだ怒っているだろうし、手を繋いでみようかな？手をつなぐことができたら、部屋の出入りもしんどいだろうし、フロアの自分の席に座れれば、もっと落ちつくだろうな	⑱顔の表情が、綬んで、まんざらでもない顔を確認してから、手をつなぎフロアを歩きながら、手をつなぎフロアを歩き出す	⑰⑱まずは、うまく機嫌が直ったようだが、より落ちついてもらいたいと思った。
⑲素直に手をつなぎ、一緒に歩いて歩き出す	⑳拒否なく機嫌が直ったので一緒に歩いてくれるので機嫌が直ったかな？	㉑Bさんの席まで誘導し、Bさんに着席していただく「Bさんコーヒー飲みますか？」	⑲⑳拒否がなかったため、対応方法に確信をもってかかわった。
㉒「ええ、私コーヒー好きよ」	㉓もう怒り口調でなく穏やかだし、もう大丈夫		※たった数分〜数十分のかかわりの中で、これだけのことを考えながら対応していたんだなあと思った。毎日の勤務の中でつい忘れがちになるを、まざまなかかわりも、こうして振り返る時間があると忘れずにいられると思う。

Cさんのプロセスレコード（事例３）

場面：(2014年6月14時頃、場所：Cさんの居室)

状況：Cさんは、在宅では独居生活で、脱水症にてグループホームに入居後。上着を何枚も重ね着し、衣服を脱ぐことを拒否するため、重ね着をしている暑い日であってもそのままの状態で見守ることが多かった。

この場面を選んだ理由：入居して間がないCさんは、まだ職員を信頼しているとは言えず、職員の言葉が引けを信用するることができなかったが、職員はCさんを大事な人としてかかわっていることを、わかってもらいたいと思い、必死で訴え思いが通じたのではないかと思えた面面なので。

相手の言動・行動	私が考えたこと、感じたこと	私の言動・行動	今、振り返って思うこと
		①Cさんの、お部屋をのぞく	
②衣類を何枚も着て、モコモコになっている	③朝せっかく衣服の調節をしたのに、また上から着てる	④「Cさん午前中に着替えをしてもらったけど、何枚も着てませんか？」	④重ね着をしているという認識の有無を確認しているが、このときはCさんの認識はわからなかった。
⑤「何枚も着てるんか？でも寒いんや」	⑥認知機能の低下で、季節の判断ができずにこう思っているのかな？	⑦カレンダーを見せて「今は6月で、ニュースでももう梅雨に入ってて、27℃とか8℃になってて汗ばむって言ってますよ」	⑥で季節の判断の確認を⑦のカレンダーで行っているが、季節が判断できているかどうかもわからなかった。
⑧「そんなん言っても寒いのは寒いんや」	⑨本人がそう言ってるし、それでいいのか…でも…いやでも汗かいてこらいのは本人や、脱水を起こした経験もあ	⑩「Cさん、ここに来る前は入院してはりましたよね」	⑨今まで、Cさんが重ね着をした状態で、本人が脱衣を拒否されたら、いつもは見守っていたので、今回はそうしよ

うとしたが、いつまでもそれではいけないと踏みとどまった。なんとかして、ここの職員の話にも耳を傾けて欲しいし、気持ちよく生活してほしいと思った。

る、し、そこは引けない。脱水のことは本人もなんとなく覚えているし、脱水のことは怖いと思っている…

⑪「そうや。そうや。妹から聞いたんやけど、あと2～3日運かったら死んでたんや」

⑫そこの記憶は残っているんだな
入院の理由はわかっているんだろうか？
脱水を起こしたことを知ってほしい

⑬「どういうことで入院されてたんでしょうかね？」

⑭の「ここになんで来たかわからへん」という言動から、自分、衣服の重ね着という行動を改めてほしいわけではなく、⑮でCさんがもっと別のことが不安だったり、わかってくれる人をほしがったりしているのではないかと思った。
⑯で、Cさんはまだ信用できないかもしれないが、自分のことを、大事に思っていることを素直に伝えること

⑭「それは、わからへん。ここになんで来たのかも、わからへん」

⑮「ここになんで来たかわからへん」という言葉が引っかかる。まだここにいることが不安なのかな？ひとり暮らしで、なんでもやってこられて、なかなかここのスタッフを信じることができないのかな？でも、自分の中で、Cさんが大事な人だし、自分の思いは今、Cさんが大事だと思っている、伝えよう

⑯「Cさんは、脱水起こして入院されたんです。退院して、ここに来られて、私自身、Cさんに出会ったことがなにかの縁だし、Cさんのことが心配なんです。脱水になられることが心配なんです」

⑰「そうか」…（それからしばらく（無言）

⑱脱水のことも含めて、自分がCさんを大事に思っている

⑲「脱ぎましょうか？」

135

⑳無言で重ね着していた衣服を脱ぎはじめる ㉑思いを伝えてよかった	こと、だから心配なことが伝わったように感じる	と、思いが伝わったのだと思った。今まで、ただ単に、重ね着を止めてほしいと伝えていたことが、Cさんにとっては、命令口調に聞こえていたかもしれない。けれど、Cさんに苦しくなって欲しくないと思いをちゃんと伝えることで、自分のためにかかわってくれているのだということを感じ、いうことをきいてみようかなと思われたのではないだろうか。 ※このとき以降、重ね着をしていても、言葉をかけると脱いでいただけるようになった。認知症ケアとかではなく、自分の思いを伝えたい―心だったのが、伝わったんやと思えた。

Dさんのプロセスレコード（事例4）

場面：（2013年6月14時頃、場所：ホールのソファ）

状況：Dさんは認知症の初期で、自分では普通に行っている生活がうまくいかず焦り、不安。うまくできない自分への苛立ちを、だれにどう伝えたらこの気持ちがわかってもらえるのかと自暴自棄になっており、対応をいろいろ考えながら2〜3ヵ月経過した頃（忘れてる可能性は高いが、本人には認知症の告知はされている。）

この場面を選んだ理由：うわべだけでなく、状況とまっすぐ向き合うことで信頼関係ができ、お互いが本音で話せるようになったきっかけの場面。

相手の言動・行動	私が考えたこと、感じたこと	私の言動・行動	今、振り返って思うこと
①「お父さんはなにしてはんの？なにも説明せんと…私はなにも聞いてへん。もうなにがなにかわからへんねん」と怒りが止まらない。	②なにがもうまくできず、なぜここにいるのかわからない。こんな状況で「落ち着いて」とか「お茶飲みましょう」と言っても落ちつくわけがない。本人の欲しい答えではないし…	③隣に座り「もうわかった」と思わず抱きしめる	日ごろからDさんの対応を考えていた中、同様の症状が起こり、"あなたの苦痛は、前からわかっている"ということを伝えて、ひとりで苦しんでいるのではないことを、わかって欲しかった。
②怒っている状態から一瞬沈黙	⑤今か今か？今なら本当の状況をちゃんと喋れる	⑥「うまいことできんかったり、周りのことがわからへんから怒ってるねんやけど、そのことは、もうどうしようもできんのや」	⑤今まで、タイミングを見計らってきたので、ごまかしの対応ではない話ができると確信した。これからもBPSDのたびに、その場限りの対応で、とりあえず症状を抑えていても、ケアする側は、楽になるかも知れないが、対象は
⑦なにとも言えない顔だが、これからの話を聞こうとする	⑧ここで私たちがDさんにできることを伝えよう（なぜ私	⑨「もううまいことできんようになってしまったことははわ	

雰囲気

⑩そのまま真剣に聞いている

⑬「そうかそんなんやってか」笑いながらが涙を流す

たちがいるかということ)

⑪これだと一方的に私たちが、お世話をするだけに聞こえるし、ここで終わるとお世話されるだけの人になってしまう。現に私たちはDさんの普段の発言から勉強になったり "なるほど" と思ったり助けられたりすることが多いので、このことは是非とも伝えなければならない

⑭お世話になるだけで、私はなにもできなくなる価値のない人間になってしまうと思う。ではしくしくない、ここにはDさんの大きな役割があるし、そんな卑下しなくても、まだまだいっぱいいいところがあ

かってる。わかってる。しんどいときは私らに言って欲しいんや、いつでも助けるし…」

⑫「今までDさんも私の家族のことを話したとき、いろいろ教えてくれたやんか。私はそれに、ほんまに助けられたんや」

⑮「だから、私らはお互いさまなんやで」

いつまでたっても楽になることはないと思う。それは、相手を大切にしているとは言えないのではないかと思えた。本当のことを伝えても混乱は収まらないかもしれないけれど、それは、一緒に悩めばいい。それが、専門職の仕事だと思う。

⑨の内容を伝えることで、Dさんは苦痛をわかってくれている人がいることが、わかったのではないかと思う。

⑪⑫ Dさんの自尊感情を損なわないように、抽象的な励まし等ではなく、実際のできごとを伝え、ケアする側がケア提供しているだけでなく、

⑭⑮自尊感情をなくさないように、ケアする側もされる側も、お互いが助け助けられている平等な人間関係を、意図的に伝えようとした。

			⑯の言動で、自分の役割が認識されたと思った。 ※今では、わからないことをはっきり「わからない」と伝えてくれ、職員同士が話していると「どうしたん?」と会話の中に入ろうとされ、もちつもたれつの関係が継続している。
⑯「ほなら私もやってたんやな」 ⑲「そうか」笑顔	⑰受け身ではなく、自分もできていると思ってもらえた。少しは気持ちが楽になったかな。伝わってよかった。やっぱりまっすぐ向き合ってきちんと話をしたら伝わると思う	⑱「そうや、みんなDさんに困ったことがあったら相談しようって言ってるんや」	
	ると思ってほしい		

Eさんのプロセスレコード（事例5）

場面：(2014年10月頃、場所：Eさんの居室)

状況：Eさんは、女手ひとつで娘さん2人を育て、ブティックを経営し、気丈に生活してきた。リタイアし、有料老人ホームに入所していたが、認知症状が進んできたため、グループホームに利用申請されるが、本人見学のとき「私はマンションにひとりで暮らしていたのに、こんな老人ホームに入るのはお断りします」ときつく慣れるようすがなかったため、Eさんもグループホームになじみになれるように、1ヶ月程度、併設のデイサービスでようすを見ながらかかわり、顔なじみになった時点で、入所となるが帰宅要求が激しく「こんなところに入れておかしくなった…」と、こんなところにいなければいけないの」と激しく怒ったり「私もうここにいたくないの」と混乱することも。常に混乱というか、デイサービスで過ごしたりして、なんだとか気分は、夕食後～入眠するまで不安定な状況が続き、夕食後からずっと話をずっと傾聴することが日課となっていた。

この場面を選んだ理由：はじめは、研究協力者もEさんに拒否されており、入所を無理だと考えていたが、毎日、夜に話しを傾聴することで、研究協力者をEさんが受け入れはじめ、本心も話しだし、楽になれたと思われたため。

相手の言動・行動	私が考えたこと、感じたこと	私の言動・行動	今、振り返って思うこと
①こんな私でもお店をしていたときは、みんなの相談に乗ったり、人がたくさん集まってきたのよね	②知らない場所で知らない人の中で、孤独感や喪失感があるんだなあ 頑張ってきたことを伝えないといけない	③そうやったの 昔は、相談にのってもらって助かったっているんやろんね。ひとりで都会の一等地でお店を続けるって並大抵じゃなかったんやろね	②③で、Eさんのこれまでの生活史を知って、頑張りを理解し、自分の抱くイメージから、最大の称賛を行うことで、Eさんの今の思いがよりいいやすくなるように思い、そこから、うわべだけではない思いが話しやすくなるのではないか。
③頑張ったのよ（しみじみ思いだすような感じ）私みたい	⑤ちょっと通じあえたかな 今なら、なぜここにいるのか話せるようになる	⑥Eさんも頑張ってきただけど、今、忘れることがあった。	

この場面に至るまで、毎晩、Eさんの話を傾聴してきたが、認知症に罹患していることを、はぐらかすことによって起きるEさんの混乱（店を放っておけない、帰るこんな老人ホームに自分の家具が置いてあるなど）につきあっていることが無駄なことのように思えた。そのため、本当のことを話しても混乱はあるかもしれないが、そうであっても意味のあることではないかと考え、⑥の言動になった。（その場限りの労力を使うより、疾患の苦しみそのものを、共にしているといいと思った）本当のことを告げることは、本人を傷つけるのではないかと、その場限りの対応でいいか、疾患の現状がある片づけられている現状があるが、その方が、失礼なことに

り、うまくいかないといった混乱につながっているやろ？それは、病気でなっているんやし、それを放っておくのは家族も心配やし、いつも見守りがあるとこにいった方がいいんじゃないかということになったんやで。Eさんは忘れているかもしれないけど、そのときできてEさんには説明して進めてきたことなんやで、Eさんも不安かもしれへん？と、一緒にやっていかへん？私も仕事場の、スタッフの教育や、部屋の設えのこともやら相談したいし、お互いに助け合っていかへん？

⑨じゃあ今日はもう遅いし、明日もよろしくお願いします

わからないといった混乱について、納得できる話ができるかもしれない
ごまかした言動で、いつまでもはぐらかしたうわべだけの関係を続けていてもいいのかな
こんなに、頑張ってこられた人なのに、人生の最後の住処になるこのグループホームでの生活が、本人の訳がわからないままで終わってしまってはいけない
ちゃんと話して混乱されたとしても、他の人生の大きな転機をのりこえてきた人だから、きっと疾患のことを話してものりこえられると思う

⑧（ほっとした表情をみて）やはり自分なりの役割があることで、気持ちが楽になったんだろうな

な人間はね、頑張るときは生きをやってるんだけど、落ちるときだらことん落ち込んでしまうのよ

⑦こんなになった私でも役に立つのかな
なにもできないわよ

⑩じゃあまた明日ね

はないかと考えるようになった。いろいろな転機をのりこえてきた人なので、自分に起こっている状況を知ることの方が、大切で、のりこえることとのお手伝いが本来のケアだと思うことになり、それから、やりがいを感じるようになった。

ノウハウで、なんでもかんでも本当のことを告げることが認知症ケアではなく、疾患による苦しみをのりこえようとする姿から目をそらさずに共にいられることができるときにだけ、行うべきだと考える。

※その後、グループホームで看取りがあり、入居者全員で見送った後「人は生まれるときも、死ぬときも、ひとりなのよね…でも、この世の終わりのときは、私も、あの人みたいに、あなたに看取ってほしいわ。お願いします」といわれ、嬉しかった。

Fさんのプロセスレコード（事例6）

場面：(2014年6月2時頃、場所：Fさんの部屋)

状況：Fさんは発熱をきっかけに体調不良、食事量にムラあり、意欲はあるが立位がとれず、1ヵ月後には循環不全による左下腿の壊死出現。医師よりターミナルステージと説明されている。全身倦怠感による夜間不眠にて起きていることが多い。この夜も、寝たり起きたりの状況が続いていった。

この場面を選んだ理由：看取りの状態でありながら、勝ち気で、なんでも自分でやりたいFさんは、介助されることを嫌い、介助時つねったりすることがあった。ずっとそばにいると「さぼっている」といい、寂しいとはいわない人が、このときには私を頼って安心してくれたと思ったので。

相手の言動・行動	私が考えたこと、感じたこと	私の言動・行動	今、振り返って思うこと
		①仮眠が終わり、仕事再開のとき、他の夜勤者からFさんが、身体を起こして起きていると聞いた	
	②このまま、また、寝たり起きたりは体力が奪われる…見に行こう		
		④Fさんの部屋に訪室	
④ベッド下に両下肢を垂らして、上体を起こそうとしたり、起きられずそのまま横になったりを繰り返している	⑤やっぱり寝てない起きておられる…なんで寝られないのか？なにかあるのか？	⑥「どうしたん？」	

143

⑧いくら看取りの時期で、尿量も減ってくるとはいえ1回くらいは、トイレに起きてもいいだろうと思った。	⑨「おしっこ？」	⑧排泄表では、おしっこ出てなかったなトイレ行きたいんかな？	⑦「・・・・」
⑪⑫立つのもやっとのFさんの、トイレの移乗には、疲労が増強するという理由で、スタッフから賛否両論あった	⑫ポータブルトイレまで移乗の介助をする	⑪トイレだけじゃないとは思うけど、とりあえずトイレ行ってみよう	⑩うなづく
けれど、Fさんの性格から絶対にトイレには座りたいに違いないと思っていたので、私はトイレに移乗して排泄してもらうようにしていた。	⑮「いやいやこっちこそありがとうやわ」	⑭よかったな…日中でもごくたまにしか「ありがとう」って聞かんし、夜間は初めて…嬉しい反面、そこまで我慢させて申し訳ない…すっきりしてよかったな	⑬排尿あり後始末後、介助にてベッドに臥床する「ねえちゃん、ありがとうな」
⑬⑭⑮「ねぇちゃんありがとう」なんて、本当に聞いたことなかったので、よっぽど排尿したかったんだと思った。本当に申し訳ないと思った。			
⑯で、楽にならないか確認したが、まだ、なにか楽になるものがあって開眼していると思った。苦しみをもちながら、⑰⑱余命幾ばくもない状態なのに、気丈に自分の不安などを口に	⑱さするでもなく、身体に触れるでもなく、Fさんの手の近くに私の手を置いた	⑰開眼しているやっぱりトイレだけじゃなく、なにか思ってはるのやろか寝れないというのは、なにか不安なことを考えてはるのかな？だれかがそばにいると安	⑯まだ開眼している

144

も、表情にも出されない、自分にも他人にも厳しいFさんの本心はだれにもわからないと思ったけれど、せめてなんとかならないかと葛藤した。

普通なら、しんどいところをさすったり、大丈夫というところで、抱きしめたりするところだけれど、Fさんはどうしたら安心されるのだろうと、手を置くのもどうしようと、とまどっていたと思う。

⑳あれっ？という驚きと照れと、やっぱりゆっくり寝てほしいと思う気持ちが一番強かったのだと思う。

㉓安心して休まれたFさんを見ていると、私まで穏やかな気持ちになり、本当にほっとした。

⑳そのまましばらく動かさず、刺激を与えず手を添えていた

㉔Fさんを起こさないように、ゆっくり手をずらし、布団を直して退室する

心するかも知れんけど、Fさんは気丈夫な人やし、嫌がられるかも知れんし、添い寝したとき、つねられて「向う行け」と言われたし…Fさんは、べたべたされるのは嫌いやし、身体さするのも嫌やるな…気持ちのいいもんを、なんとかしてむしても軽くしたい…でもどうなるかわからんけど、どうしようかと…いいんやろう？どうなるかわからんけど、Fさんの手の近くに私の手を置いてみよう

⑳あれっ？いつもなら拒否や置いてのに、今日は自分から置いてくれはった。嬉しい。しばらく、このままいたら、安心してゆっくり休めるかなこのまましばらくいよう

㉓「ありがとう」という言葉をきくことで、ほっとしたはったんやな

⑲私の手のひらに、自分の手を重ねてきた

㉒手を重ねたまま休まれる

と手を重ねていたい気持ち
だった。
※自分がFさんに癒されて
いたなあと、この場面を思い
出して、同じような気分にな
れて、思わずにっこりしてし
まった。この場面は、Fさん
に申し訳ない思いと、本当に
Fさんに助けられた気持ちが
あって、おごしくなりにになって
も忘れられない。

次の仕事がなかったら、ずっと
このまでおりたいけどな…

146

あとがき

　本著は、筆者が、関西福祉科学大学大学院社会福祉研究科臨床福祉専攻博士後期課程に在籍中の研究成果をまとめたものです。同専攻教授、安井理夫先生には指導教官として終始ご指導をいただきました。ここに深謝の意を表します。

　そして、貴重なデータを提供してくださった研究協力者の皆様。ご多忙な方々にもかかわらず、丁寧に真剣に時間をかけて考え対応していただけたこと、本当に感謝しております。

　また、他にも多くの方々に励まされ、やっと完成させることができました。

　本研究で得られた結論は些細なものではありますが、認知症者のかかわりに関する創造的見地が得られたことは喜ばしいと思います。今後、この結論を基盤にし、認知症者のかかわりについてさらなる探求を続けたいと思います。

　なお、本著は、京都光華女子大学の学術刊行物出版助成により出版の運びとなりました。このような機会を与えていただき、本当にありがとうございました。

　2021年10月

　　　　　　　　　　　　　　　　　　　　　　　　　窪内　敏子

著者紹介

窪内　敏子（くぼうち　としこ）

【現職】
　京都光華女子大学健康科学部看護学科准教授／看護師・社会福祉士・介護支援専門員
【略歴】
　滋賀県立総合保健専門学校卒業
　佛教大学教育学部教育学科卒業
　滋賀医科大学大学院修士課程看護学専攻修了
　関西福祉科学大学大学院 社会福祉学研究科臨床福祉学専攻（博士後期課程）修了

臨床看護師、看護専門学校専任教員、介護保険サービス事業所管理者・介護支援専門員、大津市比叡地域包括支援センター主任介護支援専門員、大津市役所健康長寿課の認知症コーディネーターを経て岐阜県立看護大学講師、日本赤十字豊田看護大学准教授、2018年より現職。認知症介護指導者養成研修修了（認知症介護研究研修大府センター：1期生）。

研究テーマは、認知症ケアのエキスパートのかかわりを分析し、適切なケアを追求していくことである。主な著書に、「認知症ケアプラン＆記録の学校」（日総研出版）（共著）、「関連図からみた口腔ケア（認知症患者への口腔ケア）」（永末書店）（共著）などがある。

危機理論に基づく認知症者とのかかわりに関する研究
―フェルト・センスに焦点をあてた共感的理解―

発　行　日―――2021年12月10日　初版第1刷発行

著　　　者―――窪内　敏子
発　行　者―――竹鼻　均之
発　行　所―――株式会社みらい
　　　　　　　　〒500-8137　岐阜市東興町40番地　第五澤田ビル
　　　　　　　　TEL　058（247）1227(代)
　　　　　　　　FAX　058（247）1218
　　　　　　　　https://www.mirai-inc.jp
印刷・製本―――(株) 太洋社